香海文化

無常的真理

迷悟之間③

典藏版

香海文化

總序

從二〇〇〇年四月一日開始，我每日提供一篇「迷悟之間」的短文給《人間福報》，寫了近四年，共一一二四篇。今香海文化將之結集編成十二本書，出版在即，向我索取一篇總序。

這兩三年來陸續結集的前六集《迷悟之間》，截至目前發行量已近兩百萬冊。每集皆獲得熱烈的迴響，如：持續被金石堂、誠品等大書局列為暢銷書排行榜；榮獲國軍指定為優良讀物；諾貝爾文學獎得主高行健先生，和三十一所高中校長聯合推薦，以及許多讀書會以此書作為研讀討論的教材、不少學生因看了《迷悟之間》而提升寫作能力等等。

由於此書具有人間性和普遍性，也深受海外人士的喜愛，除了中文版，其他國家語言的版本有：英文、德文、西班牙文、韓文、日文……，全球各種譯本的發行量突破了五十萬冊。尤其難得的，中國大陸已有多家出版社來洽談《迷悟之間》與《佛光菜根譚》之版權授與事宜，相信不久，這些著作也能在中國大陸正式出版發行。

曾有幾位作家疑惑的問我：「每日一篇的專欄，要持續三、四年，實非易事！您又雲水行腳，法務倥傯，是怎麼做到的呢？」

回顧這些年寫《迷悟之間》的情形，確實，我一年到頭在四處弘法，極少有完整的、特定的寫作時間。有時利用會議或活動前的少許空檔，完成一、兩篇；有時在跑香、行進間，思緒隨著腳步不停的流動；長途旅行時，飛機艙、車廂裡，更常是我思考、寫作的好場所。

每天見報，是一種不可推卸的責任；讀者的期待，則是不忍辜負的使命。雖然不見得如陸機的〈文賦〉所言「思風發於胸臆，言泉流於唇齒」，但因平時養成讀書、思考的習慣，加上心中恆存對國家社會、宇宙人生、自然生命、生活現象、人事問題等等的留意與關懷，所以，寫這些文章並不是太困難的事。倒是篇數寫多了，想「題目」成了最讓我費心的！因此，每當集會、閒談時，我就請弟子們或學生們腦力激盪，提出各種題目。只要題目有了，我稍作思考，往往只要三、五分鐘，頂多二十分鐘，就能完成一篇或講理述事、或談事論理的文章。

在此也要說明，由於年紀大了，我的右手常會顫抖，握筆不易，這一千餘則的文章大都是由我口述，弟子滿義等紀錄。尤其滿義認真耐煩，擔任書記工作十多年，熟悉我的口音，也比較明白我所要表達的內涵。他交過來的稿子，我常是稍作修潤即可付印。

猶記當初為此專欄定名時，第一個想到的名稱是「正邪之間」，繼而一想，「正邪」二字，無論是文字或意涵，都嫌極端與偏頗，實在不符合佛教的中道的精神，遂改為「迷悟之間」。我們一生當中，誰不曾迷？誰不曾悟？迷惑時，無明生起，煩惱痛苦；覺悟後，心開意解，歡喜自在。

曾經有些讀者因為看了《迷悟之間》而戒掉嚼檳榔、賭博、酗酒的壞習慣；也有人因讀了《迷悟之間》而心性變柔軟，能體貼他人，或改善家庭生活品質，甚至有人因而打消自殺的念頭，凡此，都是令人欣慰的迴響。

《六祖壇經》裡寫道：「不悟，佛是眾生；一念轉悟，眾生是佛。」迷與悟，常常只在一念之間！祈願這一千餘篇的短文，能輕輕點撥每個人本自具足的清淨佛性，讓閱讀者皆能轉迷為悟、轉苦為樂、轉凡為聖。

二〇〇四年七月　於佛光山法堂

編者序

◎蔡孟樺

星雲大師著作等身，作品除佛學理論與佛教哲學為主，也有純文學和散文類的創作，可說大師是一位融和世出世法、貫通古今人世、獨具慧眼觀瞻、了達宗教行解的文學大家。

《迷悟之間》曾是星雲大師所創辦之《人間福報》的頭版專欄，每篇針對人世間的「迷」與「悟」，剖析社會問題的癥結，以及人心的種種善惡好壞。主題充滿多元性，不論是個人的立身處世、勵志修行，到居家的親子之道、婆媳相處或家庭倫理，亦有對社會時事的評析，對世界和平的建言，尤其是人生哲學、信仰生活、佛法義理、自然生命等，大師都有其充滿智慧的洞見與深具新意的觀點。

有人這麼描述自己閱讀大師《迷悟之間》的心情：

我每日早上起床，就會先到門外將《人間福報》收到房裡，然後迫不及待地先將星雲大師「迷悟之間」專欄默讀一遍。在漱洗清潔後，把早餐準備好，就和先生一起邊喝著咖啡，邊談「迷悟之間」的義理哲思。在出門之前，我會陪小孩朗誦一篇「迷悟之間」，期許孩子將大師的話作為一日思想的準依。每日就在「迷悟之間三部曲」中度過充實的早晨。

相信不少人閱讀大師的專欄文章，皆有相同的體會與歡喜。

在星雲大師弘法五十年、筆耕一甲子的紀念之期，為了讓普羅大眾共霑法益，香海文化特將大師四年來所撰寫的「迷悟之間」專欄結集成套書十二冊，共計一一二四篇文章，依《人間福報》刊載日期順序編排，並全彩精裝印刷及別致的書盒包裝，內容還附有千餘張精美圖照，使這套「精裝典藏版」的《迷悟之間》成為佛光檀家的傳家寶藏、人人行佛的修行寶典。

香海文化非常榮幸能編輯這套書，期望透過《迷悟之間》給人明白善惡、懂得是非、驅邪顯正、轉迷為悟；將「悟」心找回來，更能讀做一個人、讀明一點理、讀悟一點緣、讀懂一顆心。

（本文作者為香海文化執行長）

目錄

人生的階梯

現代的社會，醫學發達，生活素質提升，在先進的國家裡，人民的平均壽命大約可以活到八十歲。如果用八十歲的人生比喻八十層的大樓，則人從呱呱墮地的一歲開始，一歲又一歲，就等於爬上一層又一層的大樓。在漫漫的人生旅途中，如何才能爬上最高的八十層樓？也就是我們最高的壽命、最巔峰的人生呢？

話說有兄弟二人，外出登山，下山後回到八十層樓的家，正好碰上大樓的電梯故障。登山的兄弟覺得無所謂，仗著他們平時登山，訓練有素，

因此雖然爬樓梯上樓很辛苦，他們還是振奮起精神，賣力的往上爬行。

當他們爬到二十層樓的時候，不但不覺辛苦，不覺疲累，反而自覺自己是登山的好手，何懼於高樓？於是又再努力往上爬。當爬到四十層樓的時候，忽然感覺到有些疲累了，尤其行李中裝著爬山的道具，非常沉重。兄弟二人於是商量，決定暫時把行李放在第四十層樓，等到有電梯可乘時，再來取回。

憑著登高山的信心、勇氣，再繼續往上爬，到達了六十層樓，終於感到疲憊吃力，氣喘吁吁，無力再往上攀登第八十層。但是仔細一想，都已經爬了六十層樓了，距離住家的八十層樓，只剩下二十層，還有何難？於是儘管辛苦、疲倦、氣喘、流汗，種種的困難，腿痠力盡，終於還是爬到第八十層樓。當哥哥準備要開門進入家屋的時候，忽然大喊：

「糟糕！鎖匙放在行李中，沒有帶上來！」此時兄弟二人不覺如洩氣的皮球一般，感到一片茫然！

這個故事說明了，八十層樓的生命，八十年的歲月。最初二十層樓的人生，青春力壯，幸福快樂，無限美好。但是到了四十歲，爲了家計兒女，生活的重擔，就如行李的負擔爲難，這時候有的人就把這個負擔放在四十歲，繼續登上六十樓。在六十歲的人生裡，已經感到體力不繼，負擔嫌重。不過人生往高處走，只得帶著龍鍾老態的身體，繼續往上爬。當到達八十歲的人生高樓時，回首往事，那一把鎖匙還留在第四十層樓，但此時已經沒有力氣再回頭去取來打開幸福的家門了。

聰明的讀者，你也有八十層樓的人生，每一層樓，你都想做些什麼呢？

《人間福報》二〇〇〇年十月四日

官員的尊嚴

往昔的官員，總是令人羨慕；因爲，他們有做官的尊嚴！

自古以來，凡是好官，光明正大、耿直剛毅，都是爲民所稱道！即使最差勁的官員，至少也能擺出個官架子，表現出官僚的氣勢，總也還有一些尊嚴可言。但是，到了現在，一些做官的，往往失去了尊嚴，令人不齒！

現在的官員之所以沒有尊嚴，倒不完全是因爲現在已是民主時代，官員不再像古代那樣身操生殺大權，不能爲所欲爲，所以他們

就沒有了尊嚴。

其實，現在的官員爲什麼失去尊嚴？原因在於人格操守，不復爲人信服。例如，講話沒有誠信，當要選舉的時候，對你打躬作揖，叩頭不已；一旦選舉過後，你有事找他，他就推三阻四，甚至路上見了面，他也隨即掉頭就走，完全看不到選舉前的誠懇態度。前後判若兩人，如何令人尊敬？

再者，現在的官員，所謂「無官不貪」；你拿了我的，吃、喝、用都是我的，你還有什麼尊嚴？

尤其，現在的官員，講忠信、講仁愛、講道義的，固然有之；但是更有的官員，以磨人爲快樂之本，用拒絕來維持他的官僚氣勢，以拒不見人爲他的高貴，以找人麻煩來樹立他的權威。如此官員，怎麼會有尊嚴呢？

所謂「官員的尊嚴」，像關雲長的「秉燭達旦」；像魏徵的「諫說唐太宗」；像文天祥的「死難不屈」；像范仲淹的「先天下之憂而憂，後天下之樂而樂」，他們怎麼會沒有尊嚴呢？

開空頭支票的官員，是沒有尊嚴的！仗勢欺人的官員，是沒有尊嚴的！朝令夕改的官員，是沒有尊嚴的！矇混欺騙的官員，是沒有尊嚴的！

幽厲桀紂，雖爲帝王，由於他們不勤政國事，貪淫暴虐，他們會有尊嚴嗎？歷代多少忠貞的大臣，當他們被送上斷頭台的時候，你能說他們沒有尊嚴嗎？所以，「官員的尊嚴」不是自己擺個架子就能獲得的，是從他平常的言行一致，爲民服務，所謂「做人民的公僕」，公正廉明，熱誠服務，樹立形象，他才有官員的尊嚴！

「物必自腐而後蟲生，人必自侮而後人侮！」今日的官員們，只要你能無欲無求，只要你能眞正爲國爲民，你們自然就會有尊嚴了！

《人間福報》二〇〇〇年十月五日

人，住在哪裡？

人，住在哪裡？人，當然住在家裡！

家，能夠給我們永遠的安住嗎？動物中，即使一隻小鳥，當牠長大以後，也要離巢高飛，不肯住在鳥窠裡；一隻小狗長大了，牠也歡喜到外面奔跑，不願意待在屋子裡。中國字的「家」，寶蓋頭下面一個「豕」；天天賴在家裡，不是像懶豬一樣嗎？

「家」，不是永遠的安樂窩，那麼我們住在哪裡呢？住在金錢裡！金錢被騙了、被倒閉了，股票跌停板，錢財流失了，你住在哪裡呢？

人，住在愛情裡！情愛確實是人生幸福的追求；但是，世事無常，情愛會變化，當夫妻離婚了，戀人反愛爲仇了，你住在哪裡呢？

人，住在名位裡！然而「樹大招風，名大招忌。」你看，每次選舉，多少人歡喜的上台，多少人黯然的下台！下台後，你住在哪裡呢？

人，住在事業裡！爲了事業，每天忙東忙西，忙得不顧妻子兒女，忙得不能回家吃晚飯，忙到最後，不但不記得自己有家，甚至忘記了自己的生命安危。所以，《金剛經》說，不以色、聲、香、味、觸、法，安住身心。

人究竟要住在哪裡呢？「應無所住，而生其心！」

你看，太陽住在虛空之中，你以爲它無所依靠，其實它一點也不危險；無住就是它的安住呀！正如出家人，看似無家，其實處處爲家，這是何等的逍遙自

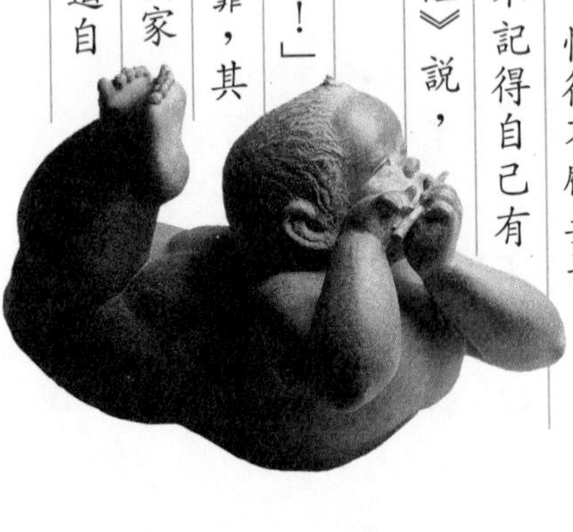

在！

吾人的生活裡，功名富貴、金錢物質不是不重要，只是你可以用它，但不能被它所用。所謂「百花叢裡過，片葉不沾身」，陶淵明不為五斗米折腰，順治皇帝感歎「百年三萬六千日，不及僧家半日閒」，他對於解脫自在的人生，是多麼嚮往啊！

「吾有法樂，不樂世俗之樂」，這是安住身心、提升自我性靈的良方；能夠「身心安住」，才能圓滿生命，才能擁有快樂的人生。所以，人不要住在五欲六塵裡；人，寧可過清閒自在的人生，千萬不要做了金錢的奴隸。把身心安住在滿足中，則能自適其適；自可隨緣放曠，自能安然自在過生活！

《人間福報》二〇〇〇年十月六日

幽谷蘭香

黃金藏在地下，大魚游於深水；君子隱居於山林，喬木生長在高山。人的出身，家世、環境、風俗、人情，都能影響其一生。

自古將相本無種，英雄不怕出身低；為人不怕生於貧賤，但需要靠因緣的成就。正如黃金需要大地的保護，大魚需要深水的呼吸，君子在山林中吐納修養，喬木在高山上與風霜為伴。又如玉器雖美，必須經過琢磨；鋼鐵雖堅，但要高溫鍛鍊；銅鏡映照，也

要經常拂拭；幽蘭清香，必須深谷保護。

聖賢不怕困於陋巷，英雄也不怕出身於寒微，只看我們自己努力。李登輝，只是淡水小鎮一個警察的兒子；陳水扁，只是台南鄉下一個農家的子弟，他們的成就，不因出身而受限。甚至台灣白手起家的富豪巨賈，例如賣磚瓦出身的王永慶、擺布攤創業的吳修齊等；貧寒子弟創業有成的例子，比比皆是。所以，一個人一時的不得志，不必氣餒；大器晚成，要待因緣也！

姜太公八十猶垂釣於渭濱，因緣際會做了文王的宰相；宋朝鄆州須城的劉灝八十二歲才高中狀元，終於揚眉吐氣於鄉里。一時遭遇不好，不必氣餒，但看世界各國的政治人物，他們競選公職時，雖然一次、二次沒有當選，但他們並不失望，總是等待時機因緣，以圖東山再起。

人，只要不怕做老二，不要怕時間的延長；榮顯發達，總是早晚而已。

東漢的莊光先生，一生不願浮沉宦海；雖然他的愛人陰麗華最後成爲漢光武帝的嬪妃，在政治上他也沒有出將入相，他只是招賢納士，以助漢光武帝，但歷史上也沒有忘記莊光嚴子陵的地位。意思是，漢光武帝劉秀如中天高日，莊光嚴子陵則如幽谷蘭香。

吳稚暉先生一生不願出任公職，

但蔣中正先生一直對他禮遇有加；甚至讓自己的兒子蔣經國跟隨他學習，等於平民做帝師。亦即吳先生的韜光養晦，並無損於他的潛德幽光。

所謂「君子窮則獨善其身，達則兼善天下」；做人如果能像玫瑰薔薇種於市街道旁，當然很好，不然就做幽谷蘭香。

人，最怕的是高不成低不就，尤其不要滿瓶不動半瓶搖；當一時的時機因緣不具，不必強行推銷自己，更不必急於出頭，正如黃金鑽石，不要急於求售；如果能像深谷幽蘭，散發清香在人間，不亦美矣！

《人間福報》二〇〇〇年十月七日

刀口之蜜

佛教有一段譬喻，說人生如一座枯井。

有一位旅人，在路上行走，忽然遇到一隻老虎追趕他。情急之下，看到路邊有一口枯井，他就攀著路邊的一根樹藤，垂入井中。

正當驚魂甫定，慶幸之餘，往下一看，發現井底有四條大蛇。旅人大驚，不敢落地，只得懸在半空。此時忽然舉頭，又見頭上有黑白二鼠，正在啃齧樹藤。旅人心驚，不知如何是好，因爲上有老虎，下有毒蛇，眼看著樹藤又將被黑白二鼠咬斷，眞是憂心如焚。正當此時，頭上正好有五隻蜜蜂飛過，滴下了五滴蜜汁，剛好滴入旅人的口中，旅人覺

得非常甜蜜，一時竟忘了自身的處境十分危險。

這個譬喻是說，吾人在生死的枯井中，被無常的猛獸追趕。仗著業力的生命線，垂落在井中；下有四條毒蛇（喻地、水、火、風四大）要分裂我們的身心，還有晝夜的黑白二鼠又在啃囓我們生命的樹藤。此時蜜蜂滴下了五滴蜜，讓我們暫時忘記了危險，這正如「刀口之蜜」，雖有割舌之患，因爲其味甜美，因此輕易地就讓我們忘記了割舌的危險，這就是人生的實相。

刀口之蜜是什麼？就是財、色、名、食、睡「五欲」之味也。人生世間，種種的苦難，例如：身體上的老病死苦、心理上的貪瞋癡苦，乃至社會上的愛恨情仇之苦、境界上的是非好壞之苦、自然界的刀兵地震之苦等。種種的苦難，人都堪能忍受，其原因就是因爲有那五滴蜜的暫時之樂，讓我們甘受種種的苦難。

仔細想來，這種短暫、虛浮的人生，就算是夕陽無限好，也是已經近黃昏。人生的壽命，所謂「如少水魚，斯有何樂？」然而我們面對寶貴的人生，也不能被「苦空」、「無常」所擊倒。吾人應該在有限的生命裡，做出無限的事業來；在有限的歲月裡，創造出無限的生命價值，千萬不能貪圖一時的「刀口之蜜」，而置死生於不顧。

詩云：「有花堪折直須折，莫待無花空折枝。」其實這也是我們面對有限的生命時，應該抱持的積極態度喔！

《人間福報》二〇〇〇年十月八日

千錘百鍊

明朝的于謙有形容石灰詩云：「千錘百鍊出深山，烈火焚燒莫等閒；粉身碎骨都無怨，留得清白在人間。」

這首詩詞對於一個人的立志奮發向上，有很大的鼓勵。石灰本來是土石的礦物，但是經過烈火的焚燒，雖然粉身碎骨，但是粉刷在牆壁上，就留得潔白無瑕給大眾。所謂「殺身成仁，捨生取義」，這就樹立了聖賢的榜樣。

世界上的偉人，哪一個不是經過「千錘百鍊」，才能名垂青史？哪一個宗教家不是經過「千錘百鍊」，才能活在世人的心中。乃至現在社會上成名的人物中，何嘗不都是經過「千錘百鍊」，才能創造出令人推崇敬重的豐功偉業？

例如，荊軻爲了行刺秦王，所謂「風蕭蕭兮易水寒；壯士一去兮不復還。」雖然明知此去生死未卜，依然慷慨就義，故能成爲一代的俠義之士；岳飛爲了精忠報國，所謂「壯志飢餐胡虜肉，笑談渴飲匈奴血」，他如果沒有「踏破賀蘭山闕」的勇氣，就不能成爲一代名將。

南宋名相文天祥，抗元兵敗被俘，寧死不屈，在獄中寫下「正氣歌」，以伸其志；清兵入關，死守揚州的史可法，誓死不降，寧以一死報效國家，氣節凜然。

燕國名將樂毅，在連下齊國七十餘城後，因君王聽信讒言，陣前換將，他在悲痛之餘悄悄去國，所謂「君子絕交，不出惡聲；忠臣去國，不潔其名。」他寧可自己受辱，也不肯讓君王的名聲受到損害。

近代的抗戰名將黃百濤、張自忠，爲國死難，爲國捐軀，即使敵人也要受到感動而向他敬禮。參加清末維新的譚嗣同，發表「要革命，不流血，能讓人覺醒嗎？」的宣言，固然豪氣干雲，黃花崗七十二烈士的慨然犧牲自己的生命，以換取人民的覺醒，更是浩氣凜然，令人起敬。

富樓那要到蠻荒地區去弘法，那邊非常危險，但他願將生命奉獻給佛陀；永明禪師的「將此一命，供養眾生」，都是那麼的壯烈豪氣，令人肅然。

一個人如果不肯「粉身碎骨」，對世間能有貢獻嗎？我們即使做不到「壯烈成仁」，至少要有此理念，才能遺留人間的清白。你如果不把功行留在人間，不把犧牲、嘉言、思想留在人間，不能讓世人心生仰慕，如何與歷史大眾同在？因此，人生的意義，應該要像石灰一樣，留得清白在人間，千萬不要與草木同腐朽啊！

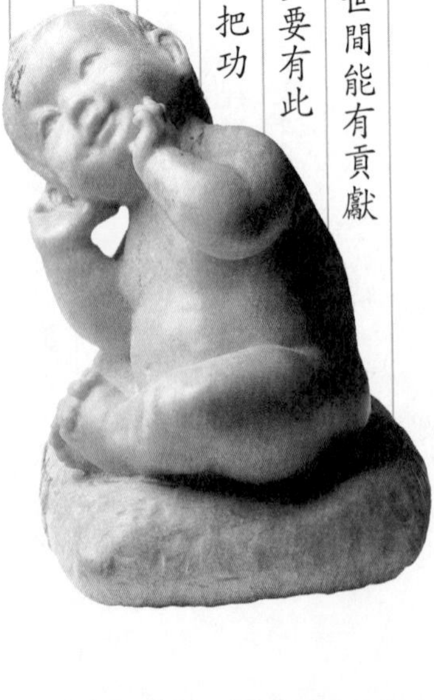

《人間福報》二〇〇〇年十月九日

凡事預則立

人在世間上生活，每凡做一件事，都要有預備、有計劃，才能逐步完成。即使是要訂一個計劃，也必須把人力、財力、時空、人事等關係，都要能預算到計劃之中，如能因緣條件俱全，則事業成功，自然有望。

現在的社會愈來愈複雜，不再像過去「走一步，算一步」、「船到橋頭自然直」了；現在的社會，都是「拔一毛而牽動全身」。例如，身體有病了，要到醫院治療，都必須預先經過檢查、驗血、照X光等診斷，然後才能治療。如果要修築一段公路，也必須事先測量、購地、繪圖、發

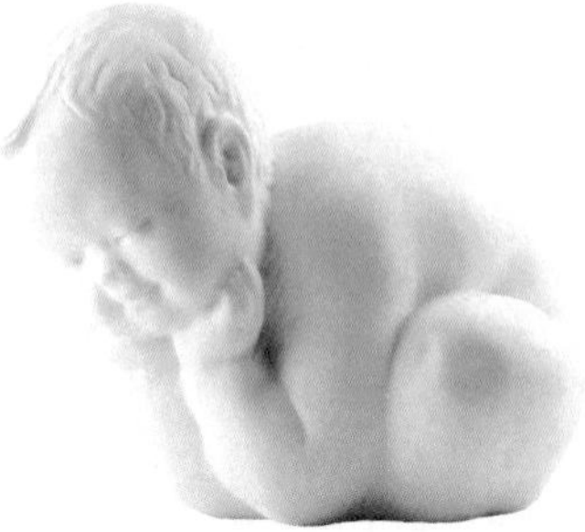

包，把監工、用材，甚至氣候、周圍環境、行人的安全、工人的管理等相關事情，都要預先計劃周全，才能事半功倍。

現在所提倡的生涯規劃、生活規劃、事業規劃等，在在都說明：凡事預則立。當然，生活中有一些事情是臨時起意，也並非不可以，只是也必需要有一些事前的因緣條件，例如領導者的條件，或者是萬緣皆備，或者是時勢所趨，或者是順時應勢；如果事前因緣條件都不具備，所謂沒有計劃、沒有預備，要想事情圓滿成功，這就難矣了！

幽默大師林語堂先生，一生應邀做過無數場的講演，但是他不喜歡別人未經事先安排，臨時就要他即席講演，他說這是強人所難；他認爲一場成功的講演，唯有經過事前充分的準備，內容才會充實。

有一次，林語堂應邀參觀一所大學。參觀後，與大家共進午餐，這時校長認爲機不可失，便再三邀請林語堂對同學即席講話，林語堂推辭不過，於是走上講台，說了這麼一個故事：

古羅馬時代，暴虐的帝王喜歡把人丟進鬥獸場，看著猛獸把人吃掉。這一天，皇帝又把一個人丟進了獸欄裡。此人雖然矮小，卻是勇氣十足，當老虎向他走來，只見他鎮定的對著老虎耳語一番，老虎便默默的離開了。皇帝很驚訝，又放了一頭獅子進去，此人依舊對著獅子的耳邊說話，之後獅子一樣悄悄的離開。這時皇帝再也忍不住好奇，便把此人放出來，問他：「你到底對獅子、老虎說了什麼話，爲什麼牠們都不

吃你？」此人回答說：「很簡單呀，我只是告訴牠們，吃我可以，但是吃過以後，你要做一場講演。」

一席話聽得學生哄堂大笑，可是一旁的校長卻窘得不知所措。

對於一個如林語堂這麼擅長講演的學者，他都不做沒有預備的講演，可見事前預備工作的重要。所謂「凡事預則立，不預則廢」；實堪作爲吾人生活的座右銘啊！

《人間福報》二〇〇〇年十月十日

痛苦難忍

人，都有感受；有感受，就會有苦。所謂「苦受」裡面，有「苦苦」，有「壞苦」，有「行苦」。

「苦苦」，人生本來就苦，例如，飢寒交迫，貧窮潦倒，人情難堪等等；「人之大患，在吾有身！」人有身體，原本就有「五陰熾盛苦」，再加上世間這許多的苦，真是苦上加苦，這就是「苦苦」！

所謂「壞苦」，房子倒了，錢財被騙了，名位丟失了，身體老病了，自然就會感到「壞苦」。

所謂「行苦」，世間由不得你作主，它會變異，它會無常；面對世事人情的無常變化，總叫人觸景傷情，睹物思人，這種精神上的感傷之苦，就更是不堪接受了。

但是，世間上的苦，最主要的是由「痛」而來；所謂「痛苦」最難忍受，如果不痛，老病也不一定就是苦！名位丟了，錢財沒了，如果不覺得心痛，自然也就不以爲苦了！

自古以來，最無人道的「苦刑」，目的就是要讓你「痛」！中國的父母棒打兒女，就是要讓你痛，你才會奮發；丈夫毆打老婆，揪住頭髮，拳打腳踢，也是要你痛，你才會順從。對你打罵，給你難堪，都是因爲要你覺得「痛」；因爲「痛」，你才會覺得「苦」。

身心對痛苦的忍耐是有限度的，超過了限量，就不能承受。所以，任憑你是英雄好漢，如果痛苦到了極點而不能承受，即使英雄也會變狗態！因爲痛苦之時，人生就失去了尊嚴；在痛苦煎熬之下，生命的意義更是光彩盡失！

世間之苦，皆由「痛」而來，故而叫「痛苦」。如果能訓練自己，身不疼，心不痛，自然也就不以「痛」爲「苦」了！

痛苦有精神上的苦、物質上的苦、時間上的苦、空間上的苦、人事上的苦。當身陷牢獄，身體不得自由，或是空間侷促，身手不得伸展，都是一種痛苦。然而，一切痛苦，最難忍受的就是身心的痛苦；當身心痛苦的時候，真是所謂的「痛不欲生」。所以，吾人最好先把身體鍛鍊堅強，讓身不苦，再修煉自己的內心，讓艱難逆境來臨的時候，心不覺苦。從心不苦，進而做到身不苦；只要身心不苦，人生的妙樂自是其樂無窮！

《人間福報》二〇〇〇年十月十一日

防漏

房子漏了，要找工人來修理；木桶漏了、鍋子漏了，也要找人來修補，不補，就不能用了！

漏，是東西壞了的意思。汽車漏油，水管漏水，都要加以修理，不修理，就無法使用。人的身體，有時候也會有「破」「漏」的時候，例如腸胃破了，就會胃潰瘍、胃出血、胃穿孔；皮膚破了，就會流血、流膿。凡是「漏」，就是表示有了問題。

佛教把世間上的東西分爲兩類：一是有爲法，也叫有漏法；二是無

爲法，也叫無漏法。世間上的森羅萬象，地水火風，因爲受無常苦空的變異，時刻都在流轉，所以歸爲「有漏法」；凡是常樂我淨，不生不滅的眞如涅槃，就稱爲「無漏法」。一些修道的人，都在想辦法要超越有漏法，希望從有漏的世界，到達無漏的世界。

有人說，人無十全，就是因爲人是有漏法；人世間不完美，也是因爲人世間也是有漏法。有一些忠臣孝子，爲國盡忠，爲親盡孝，但後來又出了問題，一定是他盡忠以外，有了問題，把忠誠漏了；盡孝之外，有了問題，把孝道漏了。因爲有漏，忠沒有忠的結局，孝沒有孝的結果，就如同一些佛教信徒，一生虔誠信仰，但偶而心有不平，惡口相向，就把功德法財給「漏」了。

一艘大船，儘管可以普載萬千的人貨，但是船艙漏水，就會有沉沒的危險；一桶瓦斯，儘管可以發電加熱，給人很大的功用，但是瓦斯漏氣就會致人於死。意思是說，我們做事，常因爲「有漏」而前功盡棄，功虧一簣。

什麼是「漏」呢？佛教裡講漏，就是煩惱、五蓋、纏結等意思。煩惱常把人生的大船給「漏」沉了，因此人生在世，一直在想辦法要補漏。慈悲不夠的，要增加慈悲；智慧不足的，要增加智慧，凡是功德善事不全的，要多多的廣結善緣，多多的積聚陰德。

人有煩惱，人就是有漏。漏之一字，就是纏、結、縛、障、蓋、繫、垢、使、軛等，都是異字同義；甚至又有瀑流、稠林、隨眠、塵勞、客塵、火燄、毒箭、虎狼、險坑等譬喻。吾人對於漏之缺陷，實在不得不防啊！

《人間福報》二〇〇〇年十月十二日

心藥方

《佛光菜根譚》一書的封底，曾仿石頭禪師的「心藥方」，訂了一個〈生命的藥方〉：「好心腸一條，慈悲意一片，道理三分，敬人十分，道德一塊，信行要緊，老實一個，中直十成，豁達全用，方便不拘多少？此十味藥，用包容鍋炒，用寬心爐燉，不要焦，不要燥，去火性三分（脾氣不要大），於整體盆中研碎（同心協力），三思為本，鼓勵做藥丸，每日進三服，不限時，用關愛湯服下，果能如此，百病消除。」

我們的心生病了，有的時候心浮氣躁，有的時候妄想紛飛，有的時候貪欲無盡，有的時候瞋恨不停。

身體病了，可以用物理治療，可以用醫藥治療，可以用飲食治療，可以用運動治療；但是，心靈病了，要怎樣治療呢？

佛教說，佛陀是大醫王，佛法是「心藥方」，僧侶如看護師。一般人身體有了疾病，不難察覺；即使看不出來，透過儀器也能檢查出來。心理有病，不容易看得到；即使知道，也不容易去除根治。例如：疑心病、驕慢病、忿恨病、邪妄病、虛假病、煩惱病，甚至無慚無愧、懈怠惛忱、散亂放逸等，不靠佛陀的「心藥方」，我們的心病怎麼能治好呢？

吾人心裡的塵埃，心裡的病態很多，佛法有很多治心的藥方，例如：貪婪的毛病要用喜捨來對治，瞋恚的毛病要用慈悲來對治，愚癡的毛病要用智慧來對治，我慢的毛病要用謙虛來對治，疑慮的毛病要用正信來對治，邪惡的毛病要用正道來對治。

唐時，呂洞賓向漢鍾離學習點金術。有一天，呂洞賓問漢鍾離道：「因點金術而變成的黃金，會不會還原？」

漢鍾離：「要經過五百年後，才會回復原狀的石頭或鐵。」

呂洞賓聽後，說道：「如果是這樣，豈不害了五百年後的人嗎？我想還是不學點金術好了。」

漢鍾離讚歎道：「修道成仙要累積三千年的功行，就憑你這一句話，三千年的功德就已經圓滿了。」

在《五苦章句經》說：「心取地獄，心取畜生，心取天人。」原來三塗六道都取決於吾人的心裡一念；心生則種種病生，所以「心藥方」之於貪取五欲六塵爲樂的凡夫眾生，就顯得更爲重要了！

《人間福報》二〇〇〇年十月十三日

人生如球

人生，給它取一個比喻「如什麼？」有人說「人生如夢」，有人說「人生如戲」，有人說「人生如露」；也有人說：人生如「苦聚」、人生如「過客」、人生如「浮雲」！如果人生真的就只是像這許多的譬喻，那人生也就太可悲了！

其實真正說來，人生確實是「無常」、「無我」；人生數十寒暑，生不帶來，死不帶去。人生世間，如果沒有立功、立德、立言，如果沒有把人生的意義留一些在人間，確實是「空空的來，又空空的去」啊！

人生如什麼？不要把它說得那麼悲觀；用一個比較中道的比喻：「人生如球」！

人，從小讀書求學，奮鬥創業，直到成家做了父母，這時父母在小兒小女的心目中就如「籃球」。因爲，我們看比賽打籃球的時候，兩隊球員莫不紛紛爭著搶球，大家都說那是「my ball」（我的球）。

但是，隨著父母年齡漸漸老了，兒女開始爲了孝養父母的責任而推卸，二哥說應該是大哥的責任，大哥說應該由小弟奉養，小弟說應該平均分擔，於是在兒女的安排下，父母只好這裡住一個月，那邊停二個月，可憐的父母這時就像「排球」一樣，被兒女們推過來，又推過去。

甚至到了父母老病的時候，父母就像一個「足球」，兒女們忙著事業，忙著賺錢，覺得年老的父母實在是一個拖累，恨不得一腳把球踢得遠遠的。

其實，父母也不一定是排球、是足球，只要父母自己本身有道德、有學問、有儲蓄，那個時候父母就像「鉛球」一樣，任你要推也推不遠，甚至兒女還會把你當「橄欖球」一樣，緊緊的抱著，不肯放鬆呢！

人生「如什麼」？你如果把自己的人生活得「如佛菩薩」一樣，自然萬人都會崇拜你；如果你把自己變得「如魔鬼」，當然萬人就會遺棄你！

所以，我們可以把自己的人生規劃成「如地」，普載萬物；「如天」，覆蓋大眾；如「福田」，給人耕種；如「智庫」，給人取用不盡。何必要把人生說得那麼樣的不堪呢？

人生如什麼？人生不也是可以如春風，如冬陽嗎？

《人間福報》二〇〇〇年十月十四日

廣告的社會

中國社會的發展，從最初的遊牧社會，進而到農業社會，進而到工業社會，又進而到重工業社會，現在已經進入到電腦網路的資訊社會了。其實，我們把它縮小範圍來說，現在是一個廣告的社會。

現代人無論做什麼事，都需要利用廣告來做宣傳。工廠裡的產品想要走進社會大眾的生活裡，必須刊登廣告；人求事，事求人，也要刊登廣告；土地買賣，房屋求售，更要刊登廣告。甚至，名人去世，需要刊登訃聞；父子情絕，也要登報脫離關係。有情人終成眷屬，也要廣告刊登結婚喜訊，分享友朋；夫妻恩斷情絕，也用刊登離婚告示，周知親屬。

有的人有了痛苦、不平，無處伸冤，可以用廣告來訴求；有的人有了匡世的理念，不容易散播出去，可以用廣告來周知天下。政府的政令，也要透過廣告才能讓民間知曉；在國際上名不見經傳的小國，總要想辦法透過廣告，讓世人認識。

廣告已經走進了現代人的生活裡。我們現在每天有報紙可看，先要感謝廣告；因爲報紙的發行，要靠廣告做爲資助、後盾。我們看電視，不可以討厭廣告；因爲有廣告，才有電視可看。平時購買日常用品，我們要感謝廣告；沒有廣告，就沒有資訊可供參考。甚至假日休閒，想要看一場電影，也要透過廣告，才會知道最近又有了什麼新片上演。

過去佛陀稱爲「世間解」，他不必靠資訊廣告，就能無所不知，無事不曉；中國的讀書人，也有所謂「秀才不出門，能知天下事」。然而現在我們的生活，必需要靠廣告；透過廣告，才能認識世界，才能知道社會。

廣告能夠反應時代的文化，甚至帶領時代的發展。可惜現在的廣告有一大弊病，那就是常常誇大其詞、浮而不實，讓民眾對廣告失去信心，誠所謂廣告者，都是虛僞不實的宣傳。

一句名言，能讓社會人士流傳，這句話就是廣告；一個人做事，能讓國際皆知，這就是替個人、替國家做廣告。廣告，在促進工商發達，帶動社會繁榮的前提下，確有其存在的必要性。然而我們希望今後的廣告，應該還原它眞實、淨化的本來面目，如此才能眞正發揮廣告的功用，帶來全民的便利！

《人間福報》二〇〇〇年十月十五日

生命的價值

有一天，豬向牛抱怨說：「人類很不公平，我在生的時候，人們就嫌我髒、嫌我懶、嫌我笨，但是當我死後，我的豬毛、豬皮、豬肉乃至五臟六腑，都沒有絲毫的保留，全身都奉獻給了人類；而牛你不但受到人們的讚揚，甚至還有『忍辱負重』的美譽，這對我實在太不公平了。」

牛回答道：「我在生前就替人類拉車、耕田、提供牛奶，進而奉獻

我的全身；甚至我的牛皮都要比你的豬皮寶貴，而你則必須等到死後，人類才會得到你的好處，這就是我們不同的地方。」

每一個人雖然有先天上的根機和因緣的不同，但生命的價值高低，則是由每一個人後天的努力所創造出來的。所以，當人一出生之後，就應該對生命有一個創造和安排。

生命的意義，要能對人間有所貢獻，有所利益。例如，太陽把光明普照人間，所以人人都歡喜太陽；流水滋潤萬物，所以萬物也喜歡流水。

貝多芬成名後，有一次李希諾夫斯基王子命令他到某一個地方演奏。他在傾盆大雨中步行了三英哩，演奏後，寫了一封信給王子，他說：「王子，你之所以成爲王子，靠的是命運和出身；我之成爲我，靠的是我自己。世界上有千百個王子，但是世上只有一個貝多芬。」

同樣生而爲人，生命的價值有的是來自於家族、金錢、時運，但有的是靠自己的奮鬥、辛苦。有的人不但在世的時候就能造福社會，甚至像貝多芬，生前演奏的美麗樂章，直到他死後，依然受到世人的聆賞、喝采。

生命的價值，不在於本身的條件優劣，而在於對人類是否有用？上千萬元的鑽石，有人獨得了以後，珍藏起來，人們並不知道它的用途和寶貴；而不值錢的石頭，以它來修橋鋪路，卻能供給普世人類的方便。所以，生命的價值究竟是要做一顆鑽石呢？還是做一塊普通的石頭呢？

一座偌大的花園別墅裡，只住了少數的家族，其他人等不容易進入；而一座路邊的施茶亭、休息站，甚至一個公共廁所，萬千人都能享受到它的貢獻，你能說施茶亭、休息站、公共廁所不及花園和高樓的價值嗎？

生命的價值，就看你自己怎樣去發揮、怎樣去表現？當人活著的時候，就要發揮生命的價值，如果像豬一樣，死後才有利用的價值，也還算是好的，就怕死後如草木一樣腐朽，只能當堆肥使用，這樣的人生價值就太有限了。

如何活出生命的價值，你能不好好的用心經營嗎？

《人間福報》二〇〇〇年十月十六日

逆流而上

語云：「學如逆水行舟，不進則退。」學外國語言，長久不說，自然就會退步；讀書沒有溫故而知新，當然就會不進則退。人生，都是在「逆流而上」，不奮鬥，不精勤，當然就會後退。四果羅漢的初果「須陀洹」，中國話的意思就叫「逆流」；逆生死之流而往解脫道「逆流而上」。生死的激流容不得你片刻停止，

你不能向前，當然就會後退了。

近來社會上有許多人，爲事業做出種種的努力，可是受了一些挫折，遇到一些障礙，他就放棄了努力向前。正如海洋裡的逆流，不容許你稍稍停止；你放棄了努力，你的事業當然就會被人迎頭趕上，你不力圖振作，即使不在逆流中覆沒，也會從此一蹶不振。

合夥投資的經營夥伴，沒有爲事業打拼，只想分紅、分利，老本分光了，當然事業就解體了。所以商場中流，要不斷的投資，不斷的增資，才能逆流而上，才能經得起逆流的衝激；經得起時空的考驗，才能成就另外一番天地。

即以開一間小店來說，只希望三個月、半年就能一本萬利，這是太如意的算盤了。初開的小店，在風雨中成長，在逆流中前進，不計畫一

年、二年、三年的奮鬥向前，哪裡能獲得厚利呢？所謂「柳暗花明」、「峰迴路轉」，這都是在說明逆流以後的成就啊！

現在社會上，分有上流的社會、下流的人物，躋身上流的社會是經過多少的辛苦艱難，遭遇過多少的橫逆，等於蝴蝶必須經過蛹的掙扎，才能破繭而出，春蠶必須吐絲作繭，等待蛹破才能羽化爲蛾。人生沒有不勞而獲的道理，要想進入上流社會，就如同舟船逆水奮進，如果沒有這種戰鬥的精神，而屈居下流，只貪圖近利，只想沾別人的光，整日游手好閒，不肯付出勞力，當然只有自甘下流了。

世間上，你看，讀書的人，十載寒窗，到最後才能一舉成名；十年栽樹，到最後才有花果繁茂。聚沙成塔，集腋成裘；各行各業無不是需要經過一番的艱難辛苦，無不是需要在人海之中逆流而上，最後才能達到成功之境！

人生是生命之逆流，發憤才能增上；人生是生死之逆流，精勤才能逆流而上。事業是個競爭之流，發展才能成功；讀書人在學海中流，要乘風破浪，有逆流而上的精神，才能學有所成。吾人只要有「逆流而上」的精神，成佛作祖都能，何況讀書、就業，又何患不能有成呢？

《人間福報》二〇〇〇年十月十七日

上中前的人生

有一種人，一生都喜歡做「上、中、前」：吃飯喜歡坐在上首；照相喜歡坐在中間；走路喜歡走在前面。你有注意到，在你左右身旁的朋友裡，有這樣的人嗎？

吃飯坐在上首，表示自己的地位；但是也要知道，自己的修行能夠讓人「眾星拱月」嗎？照相坐在中間，也不是不可以，只是別人「心悅誠服」嗎？走路走在前面，大家都「心甘情願」尾隨你而前進嗎？否則想要「上、中、前」你就必須謹慎考慮，如果不當的座位，你坐在上面，不只是座椅上有針有刺，可能今後在別人的想法，就把你踢出心外了。照相不當坐於中間，你不敬人、不謙虛，可能就會失去別人的擁戴了。走路好走在前面，至高至大，不懂得敬老尊賢，不懂得謙虛讓道，尤其少年得志，前面的阱坑，前面的危險，就夠你消受的了！

我們看到吃飯的時候，大家推來推去；誰坐上首，固然大家自謙，但主要的，也是因爲不敢貿然的嘗試上首的風寒。不過，如果過分的謙虛，也會給人譏爲虛情假意，因此，不禮讓固然不好，太過謙讓，也會流於虛僞，能夠進退有據，才是中道。

照相，是家長，當然坐於中座；是首長，當然坐於中座；是領導，當然坐於中座。中座者，是實至名歸之位也！如果是身分不對，強擠於

正中，還沒有修到做中流砥柱、中興棟樑，你衡量自己承受得起嗎？

走路走在前面的人，前面都是領導、領袖、長者、貴賓，如果不當前而前，這不是走在前面，以後別人就會把你甩到後面去了。

人，不要先做「上、中、前」，要先由下而上、由偏而中、由後而前；下面的基礎不厚實，你不能往上、往高，因爲高處不勝寒。你不從偏處做起，一下子就擠入到核心，光芒四射，你有儲蓄那麼多的光電嗎？後方的資糧充足，後勤的準備完善，我們才能漸漸的走向前方。

溈山禪師雖是開宗立派的一代禪師，卻一直都有「居下如土」的精神，他甚至連所發的願，都希望做一隻爲眾生服務的老牯牛。可見一個人必須積聚萬千的服務功德，才能成爲上首菩薩。

社會上許多創業成功的大企業家，不都是從外務員、推銷員做起，而後才功成名就的嗎？所以，立身處世也好，成功立業也好，先要安於幕後，等到自己的表現慢慢被人肯定，所謂「龍天推出」，居時因緣成熟，即使你不想向前，別人也會擁戴著你，推向上、中、前。

《人間福報》二○○○年十月十八日

慌張誤事

辦事時，有人容易緊張，有人自在從容。如果事情快速成辦，限時完成，這是理所當然；但不能緊張，因爲緊張，必定難以周全。

從容做事，按部就班，一一成辦，這也是理所當然的。但是，從容不是緩慢，不是拖延；如果因循苟且，浪費時日，這也是辦事不力。最好的辦事態度是從容而不拖拉；愼重而不緊張。

人，一到緊張的時候，說話就容易顚三倒四，做事也容易手忙腳亂。緊張容易出亂子，例如折錯信件、接錯門鈴、誤吃藥物、以醋當酒等。甚至，駕駛車子如果過分緊張，往往在緊急的時候踏錯剎車板，反而踩到油門，後果眞是不堪設想。

話說有一位生性容易緊張的媳婦，一日接到娘家帶來口信，說有急事。這位媳婦一聽，立刻從床上抱起孩子，拔腿就往娘家跑。

途中行經一片冬瓜田，不愼被瓜藤絆了一跤，抱在手中的孩子也隨著跌到瓜田裡。自己先是一骨碌的爬了起來，摸摸孩子，趕快抱起來又跑。跑回到娘家一看，不是孩子，竟是冬瓜一個，不禁悲從中來，痛哭失聲。

娘家的兄長先是對她安撫一番，然後陪同趕回冬瓜田裡尋找孩子，哪知遍尋不著，卻找著了一個枕頭，這個枕頭原來是她當初錯抱的孩子。憂心如焚的媳婦，百般無奈，只得又再抱著枕頭先行回家。回到家裡一看，發現孩子正安然的在婆家的床鋪上酣睡著。婆家人等聞言，不禁啞然失笑，一旁的叔叔也忍不住的說：「嫂嫂，你眞是太緊張了！」緊張大嫂的名號，因此不脛而走，就此聞名於世。

像上面這個緊張的例子，在我們平常的生活裡，每天也不知道要發生多少起呢！有的人，爲了等朋友的信件，精神恍惚，終日不得安寧；有的人爲了股票漲落，緊張徬徨，覺得時間漫漫，不知如何度過？更有人爲了一件事，急得大汗直流；還有一些人，在忙亂中顧此失彼。所以，不管慌張也好，緊張也罷，總會耽誤好事。

人，遇到事情必須冷靜思考，因爲緊張，說話必有錯亂；因爲緊張，做事必有誤判；因爲緊張，身心必會失衡；因爲緊張，事理必然不明。慌張誤事，豈可不愼！

《人間福報》二〇〇〇年十月十九日

美麗的世界

世界美不美？世界很美！

你看！山巒巍峨，樹木蓊鬱，群鳥和鳴，野獸遊走；大自然的擁有，充滿了無限的生機！你看！海洋蔚藍，浩瀚無際，旭日晚霞，海天一色；大自然的景緻，氣象萬千，美不勝收。

走在高速公路上，平坦寬大，好不舒暢；行進羊腸小徑，彎彎曲曲，別有情致。

鄉村裡，炊煙裊裊；田野間，牛羊吃草，好

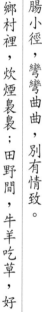

一幅美麗的人間畫面！社會上，車水馬龍，行人來往，社會繁榮，充滿了生動的活力。工廠裡，機聲轆轆；貨櫃車上，滿載著產品，拖往海港，運輸他國，好一片經濟繁華的景象。

學校裡，書聲琅琅，歌聲昂揚，一片安和樂利的校園，多麼叫人嚮往。家中親人，早起各自上班，傍晚像鳥兒一樣，相繼回巢，家人團聚，閒話家常，大家互敬互愛，多麼美好的甜蜜家庭啊！

三餐飯菜豐富，感念得來不易；飲食簡陋無味，學習

佛門「鹹有鹹的味道，淡有淡的滋味」。受人尊重，我心謙虛；面對世態炎涼，何妨學習禪師的「榮的由它榮，枯的任它枯。」

出外旅行，住觀光飯店，覺得彷如天堂；髒亂小屋，感覺能有容身之處，非常難得。好的朋友，視如聖賢，我心尊敬；壞的朋友，引爲借鏡，深自警惕。

人生，能有一技之長，有時候書畫一幅，有時候田園蒔花刈草，平時無事，到公園裡散步，或者和朋友通個電話，學習服務人群，對公事多一份熱心，何等安忍自在！

聽到人家讚美我，感謝別人的好心好意，愧不敢當；聽到別人的批評，謝謝他的指教，我心領受。凡事往好處想，世界何其美麗！

其實，不要光只是看到外在的世界美麗，我們應該要建設自己內心

美麗絢爛的世界！心美，世界到處都美：眼中所看到的是美景、耳中所聽到的是美言、心中所想到的是美事；正如《維摩經》說：「心淨則國土淨」，《華嚴經》說：「心如工畫師，能畫種種物。」一切諸法，皆由心造，吾人能有一顆慈心、善心、好心，最爲重要。

美麗的世界，美麗的人生，吾人何不來締造自己內心美好的世界呢？

《人間福報》二〇〇〇年十月二十日

學習認錯

一般政壇裡的官員，都有一個共同的缺點，就是「死不認錯」。「死不認錯」也是中國人的通病！生活裡，即使犯了再大的錯誤，他總要藉故找出許多的理由來掩飾自己的過錯。例如，一場會議，約好十點開始，他遲到了半個小時；遲到半個小時就應該認錯，可是他不但不肯認錯，還要找出種種的理由，諸如：今天路上塞車；我剛要出發又接到一通電話；我要出門時剛好有客人來訪；出門時下雨了，我一時找不到雨傘等等。總之，他找出種種的理由，表示遲到是應該的，他並沒有錯。

但是，在道理上講個人的理由，並不能獲得別人的同情，因爲十點開會是大家共同的約定，因此你就必得準時到達才對，否則就要認錯。

認錯是美德！佛教有一個最好的教育，就是「學習認錯」；孔門有所謂「每日三省吾身」，而佛門可以說時時都在反省認錯。

我對父母孝順不夠，就要認錯；我對朋友幫助不夠，就要認錯；我對兒女教育不夠，就要認錯；我對國家社會奉獻不夠，我就要認錯。甚至在一日之中，今天早上遲起，就必須認錯；上班遲到，就必須認錯。今日對公事沒有辦得盡善盡美，就要認錯；對家庭照顧不周，就要認錯；我受別人的恩惠而沒有報答，就要認錯；我在人際生活中有一些照顧不周到的地方，讓別人對我心生不滿，我就要認錯；我過分的濫用資源，就要認錯。

認錯，可以進步；認錯，可以增德。認錯要會懂得反省；懂得反省認錯，才能增加力量。

儒家所謂「過則勿憚改」，所以有過不怕改；唯有勇於認錯，勇於改過，才能自我更新。真正的認錯，沒有很多的理由；懂得認錯，不要加以掩飾。所以佛門講「發露」，能夠加以發露懺悔，才更是美德。

人的一生，需要學習的東西很多，例如學習知識，學習技能，學習處人，學習處事，尤其要「學習認錯」，這是人生的一大重要課題，有待吾人用心學習！

《人間福報》二〇〇〇年十月二十一日

落地生根

美國國慶遊行的時候，華人在參與遊行的隊伍中，喊出一句口號，令人非常感動：「我是美國人！」

很多人移民美國，手持美國護照，身受美國的養老金等福利，但是他說他是中國人。在美國的國家裡，你說你是中國人，讓美國「國中有國」，他們怎麼能夠接受呢？所以華人在美國有百萬以上的移民，卻不能發揮力量，就是因爲在美國還要做中國人；既做中國人，爲什麼又要享受美國公民的權利呢？

所以，現在華人也有了覺醒：既來之，則安之！在一家，保一家；

在一國，保一國，既然在美國，我們就要有「落地生根」的打算。我是美國人！能夠直下承擔，這是非常的難能可貴。

中國人移居美國，可以稱爲「美國華人」，但不可以稱「中國人」。常聽華人見到一些美國老外，就說：「外國人來了！」聽得懂中國話的美國人幽默的說：「喂！誰是外國人啊！」所以有時候誰是本國人？誰是外國人？立場都沒有弄清楚，怎麼能夠在當地受人重視

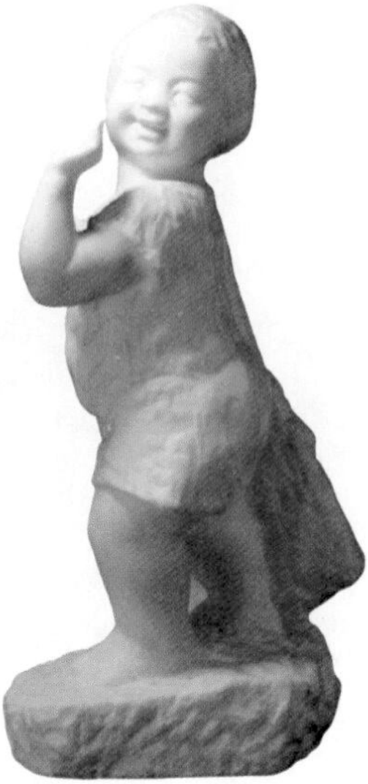

呢？

「落地生根」的思想，就是要我們融入當地的社會。華人在各個社區，各自爲政，自成集團，對於當地社區的聯誼、活動、公益，毫不關心，如此想在美國成爲主流社會的分子，還有待大家的努力。因此，希望拿美國護照的人，大家都能勇敢的說：我是美國人。

現在在台灣，大家也是爲了誰是台灣人，誰是大陸人，一直爭論不休。在台灣出生的人，已經活到五十歲了，從來沒有到過大陸，也說他是大陸人，這實在是太不倫不類了。

基本上說，台灣人都是中國人；中國人在台灣的，也都是台灣人，不應該有省籍的情結。在台灣，多少大陸的男士，娶了台灣的老婆；多少台灣的女人嫁給大陸男士做妻子，他們所生的後代，究竟是大陸人呢？還是台灣人呢？

所以，今天大家都是新台灣人，這是千眞萬確的事實，大家不可以再用省籍的情結來分隔台灣人、大陸人，否則實在是台灣的罪人。

人，應該擴大自己的領域，擴大自己的世界，今天整個人類的思想，應該把地球看作是「地球村」。大家要做「地球人」，在地球村上，共同和平的生活，彼此攜手合作，相互包容。讓我們大家一起來共爲人類的和諧，好好努力吧！

《人間福報》二〇〇〇年十月二十二日

人生三十歲

有一段「人生三十歲」的寓言，可以發人深省！

在地獄裡的審判大會上，犯人趙大，聽見閻羅王驚堂一拍，喊道：「趙大，你在人間，爲人正直，樂善好施，守道有德，信仰因果，讓你到人間繼續做人，壽命三十歲。」趙大聽後，叩頭謝恩，站在一旁。

閻羅王又再驚堂一拍：「秦二聽著，你在人間，自私愚昧，不明眞理，邪見執著，懶惰懈怠，著你到人間，做牛做馬，給你三十年歲月。」秦二一聽，大驚失色，對閻羅王說：「做牛做馬，拉車犁田，三十年太苦了，我只要十五年就好了。」閻羅王說：「還有十五年怎麼辦呢？」

做人的趙大立刻跪下，對閻羅王說：「牛的十五年壽命，就給我吧！」閻羅王承認，所以人的壽命從三十歲增加到四十五歲。

閻羅王又再驚堂一拍：「孫三，你在世上欺善怕惡，不明因果，一世愚忠，著你到人間做狗，壽命三十歲。」做狗的孫三一聽：「閻羅王，做狗只能吃剩飯剩菜，每日替人看守門戶，還要被人吆喝棒打，太苦了，我只要十五年就夠了！」趙大一跪：「閻羅王，狗的十五年壽命也給我吧！」人，於是從四十五歲增加到六十歲了。

閻羅王又再驚堂一拍：「李四，你在世爲人狡猾，不務正業，爲非作歹，魚肉鄉民，著你到人間做猴子，壽命三十歲。」猴子李四大驚：「閻羅王，猴子住在山中，日晒風吹，飢寒交迫，每餐只以水果作食，還要時時害怕獵人的弓箭，每日恐怖爲生，我只要十五歲就夠了。」趙大又說：「閻羅王，猴子的十五年也給我吧！」所以，人可以活到七十五歲了。

這個故事中，屬於人的壽命只有三十歲，所以人生的美好歲月，只有三十年；其他的則是爲兒女做牛做馬、爲兒女吃剩飯剩菜、爲兒女倚門望歸，甚至爲了苟且偷生，日日恐怖死亡。因爲，三十歲以後的歲月，本來就是屬於牛馬、狗兒、猴子的生命啊！

吾人在世間上，要活出眞正的生命來；要有智慧、正直、善良，不能爲非作歹，因爲人生三十歲，一切都在因果之中啊！

《人間福報》二〇〇〇年十月二十三日

我的最愛

有一句話說：「只要我歡喜，有什麼不可以？」這是一句大錯特錯的話，誤導了多少的青少年，造成了多少年輕人行爲偏差，陷入不拔之地！

「只要我歡喜」，如果不正當，就是有很多的「不可以」！你歡喜殺人，你可以殺人嗎？你歡喜竊盜，你可以竊盜嗎？你歡喜搶劫，你可以搶劫嗎？你歡喜遊蕩，你可以遊蕩嗎？你歡喜不孝順父母，你可以不孝順父母嗎？你歡喜不和睦朋友，你可以不和睦朋友嗎？

你歡喜的，如果是不道德的，是不仁慈的，是不合法律的，是不合理性的，即使你歡喜，也是不可以。不可以歡喜的，就是不可以，不能因爲你唱了歌，說了話，你就可以「只要我歡喜，有什麼不可以？」這是毀滅性的語言。

我不歡喜的，有時候也不能不做！你不歡喜讀書，你能不讀書嗎？你不歡喜工作，你能不工作嗎？你不歡喜勤勞，你能懈怠偷懶嗎？你不歡喜誠實，你能謊話連篇嗎？

不歡喜的，只要是好的、善的，你也要忍耐自己，要去學習歡喜！合理的，你要歡喜；不好的，即使你歡喜，你也要忍耐，不可以歡喜。

如果把「只要我歡喜，有什麼不可以？」改成「只要我的最愛，是對人有幫助的，對人有利益的，對人有成就的，有什麼不可以？」或者改爲「只要我的最愛，沒有人反對，沒有人批評，沒有人指責，我爲什麼不可以歡喜？」

世界不是我一個人的世界，社會不是我一個人的社會；大家共有的世界，世人共有的社會，所有的一切，都由不得我個人歡喜不歡喜、最愛不最愛！我的歡喜，也要看別人歡喜不歡喜？我的不歡喜，也要看別人歡喜不歡喜？

歡喜，要合乎道德的歡喜；歡喜，要合乎法律的歡喜；歡喜，要合乎大眾的歡喜；歡喜，要不違背良心、因果的歡喜。歡喜，要看你正當不正當？最愛，也要看你正當不正當？正當的，才可以歡喜；正當的，才可以作為「我的最愛」！

《人間福報》二〇〇〇年十月二十四日

速食文化

由於科學的發達，交通電訊便捷，大大縮短了人與人之間的距離，致使在廣大無邊的空間裡，令人有「咫尺天涯」之感。尤其現代人爲了爭取時間，在無限的時間裡更是「分秒必爭」，因此發明了許多的「速食」；速食已成爲現代人類生活的主流。

速食的發明，現代人爲此沾沾自喜，以爲一包泡麵，只要二分鐘，就有美味可口的飲食。其實，成爲泡麵的前段因緣，不知道要花幾個小

時，甚至幾天的辛苦，我在享受這美食的結果，有想到別人辛苦的因緣嗎？一個漢堡，只要花幾塊錢，唾手可得；然而成爲一個漢堡的因緣，是多少的汗水，多少的辛苦，才值你的幾塊錢，你認爲速食是對你有價值呢？還是沒有價值呢？

你要吃粥喝湯，只要鋁箔紙一撕，開水一沖，即刻有香噴噴、熱騰騰的稀粥清湯供應給你。甚至不只是快速的飲食，現在連衣服也都有紙衣紙褲，穿用之後即可丟棄。

從速食文化的延伸，我們可以感覺得到，現在整個世界也都快了起來。世界五大洲，過去乘船要一年半載，現在噴射機，朝發夕至；過去一封信函，所謂「家書抵萬金」，那是因爲幾個月才能寄到。現在「限時」、「快遞」，甚至電話、電腦、網路等，眞是「天涯若比鄰」。

一場歐洲的足球賽，透過轉播，在世界各個角落觀賞，都如同親臨現場觀看一樣；在台灣的電視台播出的節目，即刻可以傳送到世界的家家户户裡。現在整個宇宙世間，好像已經沒有了時間、空間，因此就有人喊出「三度空間」、「五度空間」。

從古以來，大家都希望「快速」，所以在佛教裡才有波斯匿王希望他剛出生的公主能夠「立刻長大」的愚癡故事。其實世間上沒有立刻長大的道理，即使現在有「速食」的飲食生活，但是人的生命沒有「速食」，不能快速求得。

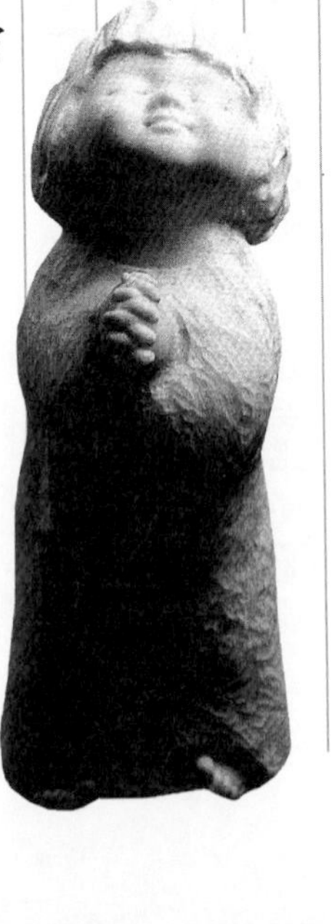

在佛教裡，講到時間都是過去、現在、未來三世；講到空間都是此方、他方、十方無量世界；講到人間，都是胎生、卵生、溼生、化生，也是無量無數。所以「速食」不管如何快速，等於佛教說：「少壯一彈指，六十三剎那」；今後當時間快得不能計算時，也只有以佛教的「一剎那」來計算了。

在空間方面，世界上速度最快的是光、是電，可是人的心念更快，心力「一念三千」，一念「十方國土」，去來迅速。現在人類已經登陸月球，在未來的太空時代，或許也需要用「一念三千」才能計算。

所以，世間所有的一切，終究還是都在佛法之中，不管「速食」如何發展，在無限的時空中，它究竟還是快不過「一剎那」！

《人間福報》二〇〇〇年十月二十五日

行立坐臥

《學佛行儀》裡說：「行如風，立如松，坐如鐘，臥如弓。」人生的「四威儀」不一定學佛的人要如此，其實每個人的生活上，都應該要有此「四威儀」。

我們和人初次見面，但看他的氣質和行儀，大致就能知道他的素養與教育程度了。所謂「行儀」，就是指在行立坐臥上所表現的言語動作是否威儀有禮，行止進退之間是否得體有分。

當一個國家要派遣外交人員到其他國家當使臣，必先訓練他的外交禮儀，尤其行立坐臥之間，不可失去一國國民應有的教養。

一個家庭裡，父母從小就教育兒女，對人要有禮貌，要養成良好的習慣；尤其行立坐臥的規矩，這是做人最初應該學習的一門重要功課。進了學校，老師對學生的教育，不只是知識上的傳授，生活上的教育同等重要；所謂生活教育，就是在行立坐臥上應有的禮儀。

現代的青少年教育出現了問題，大都是因爲不重視生活教育，例如走路沒有走路的樣子，甚至坐無坐相，

站沒站樣，睡沒睡姿，所以就不像一個人的樣子。

在一般人家所豢養的動物，所謂好的貓狗都不會亂走亂睡，好的寵物也都能養成聽話的習慣，何況萬物之靈的人類，如果沒有很好的行儀，怎麼能成爲人呢？

然而我們現在的社會，經常看到要選中國小姐了，才知道要訓練她的禮儀；要選中國先生了，才懂得要他注意儀表。其實，行立坐臥也不只是外表，所謂鸚鵡學叫，總不是人的聲音；猴子學樣，總不是人的樣子。行儀必須誠於衷，才能形於外；行立坐臥必需要從內心的心念、思想，發展到成爲習慣，如此表現到行爲的外相上來，才能合乎自然。所以，

平常的人沒有把行立坐臥的威儀教養成爲習慣，到了臨時，呆女婿去見丈母娘，總會露出馬腳的。

過去禪門裡，揚眉瞬目都有教育，吃飯睡覺都有佛法，因爲久經修行的歷練，一舉手，一投足，都合乎美的威儀，所以衣食住行是佛法，行立坐臥是佛法。

理學家程頤曾在一次見了佛門排班過堂用齋的庠序隊伍後，大歎「三代威儀，盡在此中矣！」此即人間的佛教、生活的佛法，從行立坐臥間，即可嗅到它的芬芳，感受到它的美妙。因此，懂得佛法的人，行立坐臥間，無一不是修行。

《人間福報》二〇〇〇年十月二十六日

一滴水的價值

「星星之火可以燎原，涓涓滴水可以穿石。」一滴水，可以滲透土壤，崩塌一座山；一滴水，可以匯聚成流，形成江河大海。

一滴水，澆在花草上面，花草受了滴水的滋潤，可以吐露芬芳；一滴水，送給焦渴的人，焦渴的人如獲甘霖。我們不可以因爲滴水的微小而予以輕視，澎湃的江河海洋，都是滴水的匯集；曠野的森林草木，也都是靠著滴水的滋潤，它才能生長茂盛。

日本有一位禪師，爲師父洗腳而盛了一桶水。師父沒有用完，他就把它隨意一倒，師父呵斥曰：「你這麼蹧蹋萬物的價值，一滴水，可以救活生命；一滴水，可以滋潤枯渴；一滴水，可以成爲海洋；一滴水，可以流於無限。你怎麼可以把未用完的半桶水，就那麼輕易的犧牲浪費？」聽了師父的訓誨後，禪師汗流浹背；爲了記取師門的教訓，從此改名「滴水」，以誌不忘。滴水禪師後來終於成爲日本家喻户曉的偉大人物。

平常我們也常說：「滴水之恩，湧泉以報。」這是多麼美好的人際關係啊！想到吾人在世間上，我們所承受外來的恩惠，豈只是「滴水」？可以說，山河大地，萬種的恩情都聚集在我的一身。

我人的一生，父母的養育之恩，豈是滴水能比；師長的訓誨，眞是法海深恩。親戚朋友給我們的關懷鼓勵；士農工商供給我們的日常所需。我要散步，左右城鎮都有公園；我要走路，到處都是平坦的大道。

公共汽車的司機，帶我到目的地前去訪友；郵務人員的奔波，把我的信函送到遠方。想到一通電話傳達情誼，電話的工程是多麼浩巨；想到一盞燈光的照明，電訊人員翻山越嶺，架設電線是多麼的辛苦。我要購買東西，商場上應有盡有；我要吃飯，桌上的佳餚，美味可口，令人滿意。所謂「一絲一縷，恆念物力維艱；一粥一飯，當思來處不易。」我們所承受來自於親人眷屬、社會大眾這麼多的點滴因緣，才能安然生存，所以「莫以滴水而可輕，勿以善小而不為」。

一滴水，是三千大千世界的力量所積聚；一點小善，也是我的全部心意所成就。我的一點小小心意，一樣可以供養給十方法界，供養十方大眾。所以「人人為我，我為人人」；滴水之恩，湧泉以報，誠不虛也！

《人間福報》二〇〇〇年十月二十七日

多少不計較

「親兄弟，明算帳！」人，總有計較的心理；尤其「你多我少，我多你少」，彼此相持不下，造成了人與人之間多少的糾紛。

你看，兄弟反目，朋友絕交，不都是因爲計較多少嗎？一般人認爲，分得少是吃虧，分得多是占便宜。

其實，多少不是在於物質的數量，而是在於本身的心量和道德。晚娘怕自己的親生兒子負重，叫他挑擔稻草；對於前妻所生的兒子，則叫他挑擔磚塊。一陣大風吹來，稻草被吹得無蹤無影，而磚塊絲毫不少，誠所謂「人算不如天算」。

話說有一戶人家，父親逝世時，留下了十七頭牛，遺囑上寫明，三個兄弟分家，其分配的方式是大兒子得二分之一，二兒子得三分之一，小兒子得九分之一。

十七頭牛的二分之一或三分之一或九分之一皆非整數，令三個兒子非常的苦惱，甚至發生口角，天天吵架都不能解決問題。鄰居有一位長者，每天看這三個兒子吵鬧不休，就自動將自己僅有的一頭牛送給他們，告訴他們說：「這一頭牛送給你們，你們就好分家了，免得你們爲了多少而計較爭吵。」十七頭牛加上長者的一頭，共十八條牛，大兒子應分得的是二分之一，得九條牛；二兒子應分得三分之一，是六條牛；小兒子應得的九分之一，是二條牛。三兄弟所分得的是九條、六條、二條，正好是父親給他們的十七條牛，一頭也不多，一頭也不少。但是剩下了隔壁長者的那一條牛，於是三兄弟又把這條牛還給長者。長者絲毫沒有損失，反而替三兄弟解決了問題。

自古以來，凡是有德之家，兄弟分家都是互相謙讓；凡是無德之家，往往爲了爭奪財產而兄弟鬩牆，骨肉相殘。其實，自己所分得爲數是多是少，分得多的人，也不見得成功，分得少的人，也不一定會失敗。所謂成敗，在「多少」之外，必然另有原因。

所以，多少不是在數量上能絕對計算得清楚的，要用道德、心量和人情義理，從不比較、不計較裡面，才能圓滿解決。

《人間福報》二〇〇〇年十月二十八日

相互體諒

人與人之間，最寶貴的，不是一起吃喝，一起玩樂，一起郊遊，一起戲鬧；人與人之間，要互相體諒、互相信任、互相了解、互相包容，這才是最可貴的情誼。

人與人之間的關係，有父母兒女，有丈夫妻子，有長官部屬，有親屬朋友；人際之間的各種關係，都要靠「體諒」來維繫，如果有任何一方缺乏「相互體諒」的情操，則彼此的關係就會如同火爐上的冰塊，不能安全長久。

人和人相處，因爲有不同的個性，不同的愛好，不同的習慣，不同的想法；很多的不同，如果沒有「體諒」的潤滑，這許多的不同，如何能融和呢？

父母因爲自己未能讀書識字，寄望兒女能爭氣，因此盡力栽培，即使典當家財田產，也要供給兒女讀書。這是因爲父母體諒兒女的前途、兒女未來的成就，因此自己節衣縮食，總是心甘情願的培育兒女成長。兒女也要體諒父母的苦心，如此才能勵志感恩，奮發有爲。

妻子在家操持家務，一肩挑起教養兒女的責任，因爲她體諒丈夫在外奮鬥辛苦；丈夫也要體諒妻子理家的辛勞，不時給予慰問、讚美，能夠互相體諒，家庭才能和諧、美滿。

現在台灣的警察，每日服勤時間長久，所負的任務艱鉅又危險，如果沒有家人的體諒，他怎能安心做人民的保母？

計程車司機，從早到晚，大街小巷，紅燈綠燈，不但要忍耐塞車的焦急，有時還會受到旅客的抱怨，如果回家再沒有家人的噓寒問暖，如何能有很好的情緒生活？

所以，不管警察也好，計程車司機也好，乃至所有的公教人員、工廠員工，都需要他人的體諒，需要他人給予包容，給予鼓勵，才能有再出發的精神。

體諒之道，要能為對方設想，要能彼此互換立場；凡事要有建設性，因為體諒不只是消極的不計較，更要積極的施與歡喜，給予尊重。能夠有「人我一如」的想法，有「自他平等」的精神，更能相互體諒。

相互體諒的夫妻，必定相親相愛；相互體諒的親子，必定相互感謝；相互體諒的主從，必能彼此扶持。因為有體諒，人間才能有情有義；因爲有體諒，生命才能有光有熱。如果沒有體諒，父母子女都可能反目成仇；如果沒有體諒，長官部屬都可能勢如水火。所以，人與人之間，相互體諒是多麼的重要啊！

《人間福報》二〇〇〇年十月二十九日

言行的考察

有一天，蟬、麻雀、蝴蝶、蜜蜂、烏龜，牠們聚集在一個花園裡，各自述說自己的生活感想。

蟬：「金風未動儂先覺，暗送無常死不知。」

麻雀：「人為財死，鳥為食亡。」

蝴蝶：「寧為花下死，做鬼也風流。」

蜜蜂：「採得百花成蜜後，一年辛苦為誰忙？」

正當大家你一言、我一語的慨歎時，捕鳥的人聽到了吵雜的聲音，即刻撒下羅網，把蟬與麻雀、蝴蝶、蜜蜂都一網打盡。旁邊的烏龜看到了，把頭伸出來，東張西望，幸災樂禍的說：「是非只爲多開口」；話音甫落，有個童子張開彈弓，射來一顆石頭，正好打中龜頭，烏龜痛苦難忍，將頭一縮，說道：「煩惱皆因強出頭」。

從這一段趣談，我們就聯想到，社會上的工人、商家、農夫、學者、將軍、藝人、公務員等，他們也都各有職業，各有自己的人生心得。他們與政府也有如下的一段對話：

工人首先說道：「我們不爲己利，生產報國。」政府於是下令：「這正是工人的職責，你們趕快進入工廠工作吧！」

商人接著發言：「我們貨眞價實，童叟無欺。」政府即刻指示：「供應物品，務使貨暢其流。」

將軍勇氣十足的說：「我們身先士卒，馬革裹屍。」政府大喜：

「趕快開往前方，爲國報效。」

學者慷慨激昂的說：「我們鞠躬盡瘁，死而後已。」政府立即給予獎賞：「應該如此！」

藝人也跟著表態說：「我們聲音美色，奉獻觀眾。」政府馬上發動藝人：「你們趕快參加勞軍，做各種表演。」

農夫也不甘示弱，就說：「我們播種耕耘，農業救國。」政府聽了，趕快呼籲：「春耕夏種，正是其時。」

公務員最後說：「我們力疾從公，爲民公僕。」政府就說：「朝九晚五，應當如此。」

由上觀察，是一網打盡呢？是中彈而亡呢？是美言之下，甘願犧牲呢？網捕者，希望手下留情；政府者，也希望眞正爲民謀福也！

《人間福報》二〇〇〇年十月三十日

恩怨人生

有人問：人與人之間的關係爲何？告曰：人與人之間，皆「恩怨人生」而已！

一個家庭，原本都是骨肉至親，但是爲了個人利益，爲了財產紛爭，彼此恩恩怨怨，錯綜複雜，這不就是「恩怨家庭」嗎？

一個機關，本來都是志同道合，都有共同的奮鬥目標；但是爲了升遷、名位、利益，彼此計較、比較，搞得恩恩怨怨，這不就是一個「恩怨團體」嗎？

全國人民，不是同鄉，就是同學，或是同文、同種；可是互相打擊、互相殘殺、互相攻防、互相鬥爭得你死我活，這不就是一個「恩怨國家」嗎？

世界各個國家，本來都可以和平相處，同體共生，互相幫助，互相友愛；但是第一次世界大戰死傷千千萬萬，第二次世界大戰又死傷萬萬千千，可能還會有第三次、第四次世界大戰，這不就是一個「恩怨世界」嗎？

從歷史上看來，各個朝代，我怨恨你，我就領兵侵略你；你有恩於我，我就對你恩將仇報，搞得人我之間沒有是非，沒有公理，彼此不能信任。甚至今日你和他聯合攻打我，明日我和你聯手消滅他，彼此互相征伐，無有了時。

中國從三代以後，春秋五霸、戰國七雄、三國紛爭、五胡十六國、魏晉南北朝、隋唐五代，甚至近代的軍閥割據，這不都是一頁充滿恩恩怨怨的人類史嗎？

其實，人生不必恩怨太分明；恩怨太分明的人生，就一定能成功嗎？司馬遷說：「人有恩於我者，不可忘也；人有怨於我者，不可不知也！」所以我們要能化解怨恨。佛說「以怨止怨，如揚湯止沸」；能夠「以恩止怨」，則無事不辦。中國近代史上蔣介石的「以德報怨」，一直膾炙人口；此中所表現的正是中國人「冤家宜解不宜結」的寬恕胸懷。詩經有云：「投之以桃，報之以李」，做人要有「滴水之恩，湧泉以報」的美德；凡事能夠「不念舊惡」，與人能夠沒有隔宿的仇恨，則所謂「恩怨人生」，又哪會有什麼不可解的怨與恨呢？

《人間福報》二〇〇〇年十月三十一日

難民與移民

現在舉世各國，都有「移民」的法案；「移民」已成爲現代各個國家的另外一個新問題。

在過去，國家對「移民」全無法律規範，可以說大部分遠走異國他鄉的，都是流落在外的「難民」。例如，有的人因爲受不了本國的環境污染，紛紛到其他國家尋找一塊清淨的生存空間，因此有人戲稱他們是「環保難民」。

有的人，因爲在自己的家鄉，事業、生活都極爲艱難，就做著到其他國家「淘金」的美夢，因此，這就是「經濟難民」。

政治的迫害，古今皆有。現代各個國家都設有政治庇護的法律，很多人在感受「苛政猛於虎」的威脅下，紛紛遠渡重洋，到其他國家尋求政治庇護，這就是「政治難民」。

尤其，歷朝歷代連年的戰爭，致使可憐的黎民百姓爲了逃避戰亂，東奔西躲，想要尋找一個苟延生命的地方，這就是「戰爭難民」。

以上這種種的「難民」，現在都有一個好聽的名字，不叫「難民」，而叫做「移民」。因居住環境而移民，爲求知識學問而移民；也有經商賺錢的「經濟移民」，政治理念不同的「政治移民」，更有爲了逃避戰爭的「亂世移民」。

不管「難民」也好，「移民」也罷，總之，都是因爲他們的生活環境發生了問題，不得不換個地方居住。人民有居住的自由，這本來無可厚非；

但是移民者，大都是因為他感受到自己本國的教育、經濟、政治、環境等條件，令他難以長居久安，因此不得不離鄉背井，走向異國他鄉，這就要請本國的政治領袖好好的反省了。

一個國家，如果政治民主、經濟繁榮、教育普及、環保優良，所謂「太平盛世」，可憐的民眾又何必要千辛萬苦的到其他國家社會去流亡呢？

俗云：「金角落，銀角落，不如自己的窮角落。」凡是離鄉背井的人，尤其是流落他鄉，或者長居異國者，總認為是人生最大的悲哀。所謂「天下沒有不是的父母！」照說人民也應該都有一個可愛的祖國，但是，我們的祖國可愛嗎？

自古以來，我們看到「難民」的辛酸，現在的社會，我們一樣看到「移民」的苦難！各個國家的政要啊，你們應該要好好的慈悲發心，好好的建設國家，好好的改善社會，好好的留住你們的國民吧！

《人間福報》二〇〇〇年十一月一日

憂患意識

現代是個重視教育的時代，多少父母爲了兒女的教育，作了種種的辛苦、犧牲，有的舉家移民，或是夫妻分居兩地，只爲了提供兒女良好的教育環境。現代的家庭教育、學校教育、社會教育，都非常的普及、深入，然而，就是缺乏一份「憂患意識」的教育。

所謂「憂患意識」的教育，就在於一個「防」字。例如「防災」、「防盜」、「防火」、「防震」、「防騙」等。

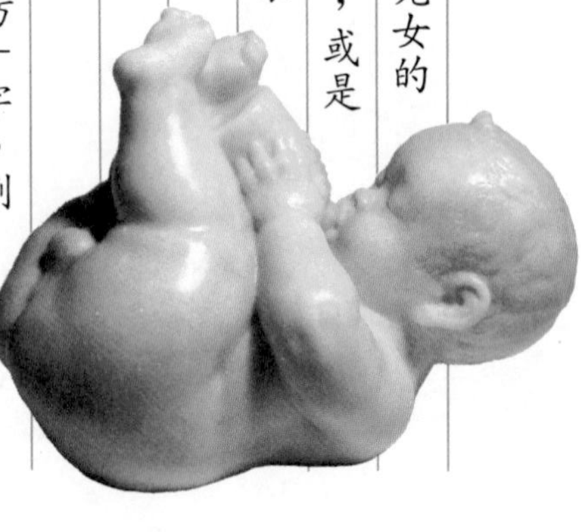

現代人的生活中，時時刻刻，隨時隨地，都要防備萬一。例如：出門了，要防備路上塞車；車行路上，要防備有人闖紅燈，突如其來的撞上你。婦女夜晚出門，要防範歹徒襲擊；搭乘計程車，要防備遇上色狼。甚至出門在外，要隨時告訴家人去處，以防失蹤了都沒有人知道。

平日居家，要防範門戶安全；左右鄰居要守望相助，尤其冬防時期，如《禪林寶訓》說：「重門擊柝」，以防宵小光顧。平時不要輕易讓不認識的

人上門，不要隨便接聽陌生人的電話；家中火燭要隨時熄滅，要防範電線走火、瓦斯洩氣等。居家要常備醫藥箱、手電筒、滅火器等，尤其要儲糧、儲水、儲錢，以備不時之需。

平時對於世界局勢、國家大事，要隨時關心、注意；萬一社會不景氣，經濟蕭條，物價波動，或是失業了，怎麼辦？甚至防範政治的迫害，防範壞人的誣陷。有時中獎了，也要防備歹徒的覬覦；升官了，也要防範小人的嫉妒。防範伴侶外遇；防範兒女交上損友，染上惡習等，都要注意一個「防」字。

建築房屋要有「防震」、「防風」、「防地層變動」的因應措施；甚至要有逃生的「防火巷」等。人際往來也要「防騙」；防範被陌生人所騙，被朋友、同事、鄰居，甚至親人所騙。所謂「害人之心不可有，防人之心不可無」；防騙最好的方法，就是不貪。

除此，偶而外出投宿旅店，要注意逃生設備；到餐館吃飯，要注意飲食衛生等。所謂「天有不測風雲，人有旦夕禍福。」吾人雖然要建立積極進取的人生觀，要有樂觀喜悅的性格，要相信人生是充滿希望、充滿美好、充滿得意、充滿光明的。我們有一個快樂的人生、歡喜的人生，然而吾人也要有「憂患意識」，不能沒有防備心，不能沒有警覺性。凡事要防範於未然，所謂「凡事預則立」，有「防」才能有「預」；有「憂患意識」的防禦心，這是現實人生應有的積極態度，千萬輕忽不得。

《人間福報》二〇〇〇年十一月二日

平時要燒香

俗語說：「平時不燒香，臨時抱佛腳。」有的考生平時不用功，到了考試的時候，才加緊開夜車；也有一些做生意的人，平時沒有結交善友，不肯與人結緣，到了要做事的時候，才急著到處求人，向人拜託。就是意謂著，春天不播種，秋來哪能有收成呢？

話說有一個長工，看到主人擁有一尊金佛，每日禮拜，心中慨歎自己無錢，連想要拜佛都沒有機會。有一天，趁著主人不在家，自己悄悄的走到佛像前面禮拜。但事有不巧，被主人看到了，並且厲聲責罵他：「你有什麼資格拜我的金佛？」長工不得已，後來在砍柴的時候利用一根木材，動手刻了一尊佛像，供在自己簡陋的住處禮拜。當主人發覺長工的家人來人往，原來大家都到他的家裡禮拜木佛。主人非常生氣與嫉妒，聲言要讓金佛與木佛比鬥。比賽初時，兩佛推擠，勢均力敵；但過不了多久，金佛漸屈下風，終於不敵木佛而倒地不起。主人責怪金佛：「為什麼你連木製的佛像都不如？」金佛說：「主人呀！你看那一尊木佛，每天有多少的信徒帶著供果前往上香禮拜，他受了那麼多的香火，自然力氣充足；我雖然是金佛，但是你每天都沒有禮拜供養，所以我敵不過木佛而不支倒地，這是再自然不過的事了，你有什麼好奇怪的呢！」

這雖然是一則笑話，但說明一件事的成敗，都有它前面的因緣。你平時用功讀書，自然就能金榜題名；你平時勤勞耕種，當然秋冬必定能豐收！你平時結緣助人，必要的時候，別人也會成為你的助緣。甚至即使是佛祖，也要靠平時的燒香供養，有燒香禮拜，即使是木佛，他也能勝過金佛呢！

現在台灣的民主選舉，有的人一呼百應，如果平時沒有造福鄉里，沒有耕耘民意，臨時哪裡會有選票呢？

也有的人，靠著先人的祖傳遺產，不肯勤勞作務；如此每日坐吃山空，怎麼能繼續富貴呢？

一個人如果希望獲得身體健康，平時就要注意運動；如果希望兒女成才，平時就要注意對他的教育；你要國家社會對你關懷，你就要愛國家、愛社會。所以，只要你平時積聚資糧，還怕沒有助緣嗎？只要你平時多燒香，自然也就不怕臨時沒有感應了！

《人間福報》二〇〇〇年十一月三日

人生四季

全世界的地理環境，不管南半球或北半球，大部分地區的季節氣候，都有春、夏、秋、冬四季的變化。春天和風細雨，夏天花樹繁茂，秋天景色蕭颯，冬天陽光和煦；一年四季，氣象不同，正如人生的少、壯、青、老，各有特色。

唐君毅先生便曾將人生比作四季的氣候，他說：青年如春天，壯年如夏天，中年如秋天，老年如冬天。一年四季，各有景象；人生四時，也各有所得，實在是很好的比喻。

不但季節和人生有四個階段，其實世間的事事物物，都有它的階段變化，例如「成住壞空」，就是世界的階段。世界先有因緣而「成」，接著再有年限的「住」持，然後再隨著遷流而變「壞」，最後終歸於「空」無。但是，空無並不是沒有，它又會再有成、住、壞、空，循環不息。

其實，人的身體，也有四個階段：生老病死。當其「生」時，全家喜氣洋洋；當其「老」也，眷屬萬分掛念；當其「病」了，自己驚恐擔憂；當其「死」後，家人呼天搶地。但是，死亡並不表示人生就此完結，它只是流轉，還會再有生、老、病、死。

我們的心念，也是生、住、異、滅，一刻不停。當其心中一念「生」起，種種景象，浮現腦海；當其心念安「住」一境，心不聽話，念念不停；當其心念「異」時，千事萬有，變化無窮；當其心念「滅」時，等於花兒謝了，待時再開。

所以，世界的四時、四季、四相等階段，我們是掌控不住；我們所能掌控的是人生的四時，當它屆臨的時候，我們要好好的把握和運用。

當吾人正值青年的春天，正是發芽成長的季節，我們要充實力量，吸收養分，具有仁慈之心，懷抱救世之志；當人生的夏天來臨時，正是萬物開花結果，我們要用它嘉惠大眾，散發生命的熱力，成長萬物；當秋天的人生來臨時，正是吾人成熟階段，就要將自己的所知所得，貢獻初學，以一己之生命，所謂秋收的累累果實，供養十方；當人生到了冬天的老年，即以自己一生的成就歷史，以一生的事業文化，嘉惠人間，如冬陽之和煦，這不就是萬德圓滿的人生了嗎？

《人間福報》二〇〇〇年十一月四日

健康與長壽

人人都希望擁有「健康」，並且還要「長壽」。

什麼是健康呢？

凡是健全的、正當的、清淨的、和諧的，就是健康。例如身體上的健康，這是人人能懂；此外還有心理上的健康，則有待吾人反省、注意，才能了知。

身體和心理的健康之外，還有情感上的健康、事業上的健康、財富上的健康、人我關係上的健康、宗教信仰上的健康。所以，一般人即使擁有心理上的健康，若沒有以上這許多其他的健康來陪襯身體的生存，那就是人生有了缺陷，並不算是一個健康的人生。

什麼是長壽呢？

長壽，不只是肉體上能活到八十歲、一百歲，便叫做「長壽」。「龜鶴延齡」應該是長壽的動物；松柏千年不凋，也是長壽的植物。然而，龜鶴、松柏長壽之後，對人間的貢獻究竟有多大呢？所以，除了肉體的壽命久長之外，我們還需要有言教上的長壽、工作上的長壽、名聲上的長壽、道德上的長壽、智慧上的長壽、和諧上的長壽。

長壽，如果只是肉體生命的延長，而無言教、工作、道德、智慧、和諧等精神作爲生命的內涵，其實長壽也是沒有什麼價值的。

一般健康的人，被人批評爲「四肢發達，頭腦簡單」，你說，這種健康又有什麼價值呢？可見所謂「健康」，必須是身體上、心理上、精神上、事業上等各方面都要健康。例如，感情不健康，即使是身強力壯，也不會幸福；信仰上不健康，所信非法，也不會如意！

說到長壽，就算彭祖活到八百歲，而歷史上有他貢獻社會的記載嗎？可見立功、立德、立言，才是眞正的長壽；一如佛教的有慈、有悲、有喜、有捨，才是眞正的長壽。

吾人要求健康，不如求健全更好；吾人要求長壽，不如求無量更好。因爲，健康並不代表健全！地痞流氓，專做壞事的人，你說他不健康嗎？百歲以上的人瑞，無所事事的耄耋老人，他們不是很長壽嗎？可是他們有何益於社會人間呢？

所以，凡是想要健康、長壽的人，對此道理不能不知，不能不注意啊！

《人間福報》二〇〇〇年十一月五日

烏鴉的聲音

有一隻烏鴉在飛往他處的路上，遇到了喜鵲。烏鴉對喜鵲訴苦說：「這個地方壞透了，人也壞透了，他們看到我飛行，聽到我的聲音，就批評我，咒罵我，所以現在我要離開這裡，我要飛到別的地方去重新過生活！」喜鵲聽後說道：「烏鴉呀！其實這個世界到處都是一樣的，你應該要改一改你的叫聲，如果你的聲音不改，不管你飛到哪裡，其結果都是一樣的呀！」

現在的社會，學生時興換學校、轉科系，工商人士經常改行業、換

工作；所謂「做一樣，嫌一樣；做一行，怨一行。」甚至有的人總覺得自己懷才不遇，好像世界上的人都辜負自己、都對不起自己一樣，所以有的人要搬家，有的人另找職業，有的人要換新朋友。

其實，「此山望見彼山高，到了彼山沒柴燒」，做人不可以好高鶩遠。一個人想要在社會上安身立命，重要的是能夠健全自己，能夠充實自己，處處與人為善，尤其經常以溫言善語與人結緣，則不管走到哪裡，自然都能受到別人的歡迎與器重！

人與人相處，彼此思想的傳達、理念的溝通，語言是一個很重要的工具。有的人因為不善於言詞，因此自我封閉；有的人因為拙於表達，所以人際關係不和諧。

台灣有一句俗諺，把不會說話、經常說錯話的人喻為「烏鴉嘴」。意思是不會說好話，經常說話得罪人，或是經常說話給人難堪，甚至把好事說成壞事、好人說成壞人、好話說成壞話，這都是因爲自己本身的教養不夠。所以，平常有人批評我們，不要完全怨怪別人，應該先要檢討自己，試問我們所說的話是烏鴉的聲音嗎？

我們每個人都應該如此自問：我是家裡的「烏鴉嘴」嗎？我是朋友之間的「烏鴉嘴」嗎？我是機關團體裡的「烏鴉嘴」嗎？我是國家社會裡的「烏鴉嘴」嗎？只要我們能把自己不好聽的聲音革除，進而把自己的語言變成動聽的樂章；把自己的語言變成嚴冬的太陽；把自己的語言變成芬芳的花香；把自己的語言變成善美的心意。只要我們能把「烏鴉」的聲音一改，又何懼不能成爲「喜鵲」和「鳳凰」呢？

《人間福報》二〇〇〇年十一月六日

寬厚待人

「如何待人」？這是一門最高的學問，有的人盡其一生都沒有學好「待人之道」。

爲什麼呢？主要的是因爲人有多種！人有不同的性格，不同的要求，所以做人做事很難「盡如人意」；所謂「順了姑意，逆了嫂意」，做人難，就難在不能讓人人都滿意。

待人雖有種種不同的方便，但是「待人以寬」則是一條不變的定律。待人能夠謙虛、尊重，固然重要；但是寬厚、寬容，更得人緣。有些人待人刻薄，待人嚴峻，如此想要獲得人緣、獲得別人的認同，實在難矣！

人與人相交，不要看別人待我們如何？而要看我們如何待人！因爲，待人以寬，才肯對人信任、對人體貼、對人諒解、對人包容；一切於寬厚中，才能看出我們待人的道德、待人的智慧、待人的用心、待人的藝術。

什麼叫待人以寬？什麼叫待人以嚴？試舉例明之。

甲走在路上，有人指著他的腳上說：「你怎麼把我的鞋子穿在你的腳上，請你還我！」甲否認，二人爭執，大吵不已。

乙走在路上，遇到有人指著他的鞋子，說：「你怎麼可以穿我的鞋子，請你還給我！」乙一聽，便將鞋子脫下來給他。此人後來找到了自己的鞋子，知道錯了，便將鞋子還給了乙。乙非常不以爲然的說：「既然給了你，我就不要了。」

丙走在路上，有人指著他說：「你穿錯了我的鞋子！」丙微笑的將鞋子脫下來給他。此人後來找到自己的鞋子，便將錯認的鞋子還給丙，丙還是滿臉微笑的把鞋子收了回來。

從甲乙丙三人的處事態度，就可以看出所謂待人以寬、待人不同的藝術了。

寬和地待人，自己也會心平氣和、輕鬆愉快，例如唐朝婁師德的弟弟「唾面自乾」，再如春秋時代鮑叔牙之對管仲。反之，一個人如果常常爲了一點小事就耿耿於懷，甚至嚴厲的指責別人的不是，如此不但讓人

望而生畏，不敢親近你，自己也會因爲不得人緣而愁悶苦惱，眞是傷人又傷己。

有個故事說：兒子在家鄉因爲建房子，爲了一道牆和鄰居爭地，於是寫信給在朝爲官的父親，希望父親出面幫忙討回公道。父親接信後，以詩作函回曰：「萬里投書只爲牆，讓他三尺有何妨？長城萬里今猶在，不見當年秦始皇。」

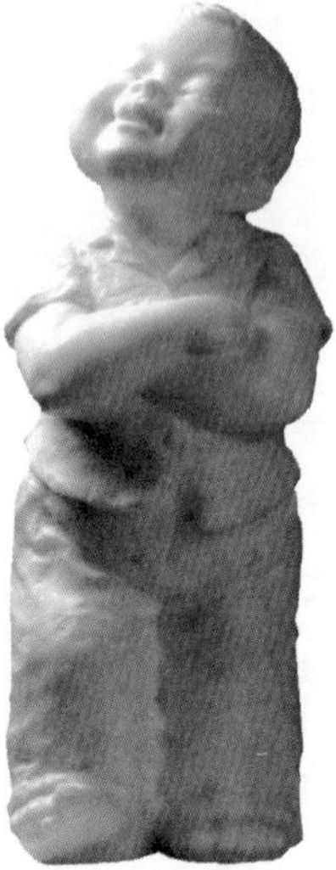

所以，「寬厚待人」不但是人際相處之道，也是自我做人的根本！

《人間福報》二〇〇〇年十一月七日

三好的價值

由佛光山提倡，行政院推動的「三好運動」——說好話、做好事、存好心，是爲三好運動。

佛教講，罪業的來源，是從身口意三業而來；修行用功，也是從身口意三業修起。

所謂做好事，是爲修身。例如：不殺生、不偷盜、不邪淫、不爲非作歹，而能做一些利益於人的善行、懿行、美行、利行，這就是做好事，也就是身行善。

所謂說好話，是爲修口。也就是要我們不要妄語、不可兩舌、不說綺語、不能惡口；說話要說慈悲的話、明理的話、智慧的話、眞實的話。所謂眞語者、實語者、如語者、不異語者、不誑語者，是爲說好話，也就是口行善。

所謂存好心，是爲修心。例如：不要有疑心、嫉心、貪心、瞋心、惡心，而要懷著慈心、悲心、願心、善心、發心等，是爲存好心，也就是意修善。

佛教的三業「身口意」，爲善、爲惡，都是身口意；作好、作壞，也是身口意。身口意爲善，可以送我們上升天堂；身口意爲惡，也可以讓我們墮入地獄。

所以，「三好運動」對我們個人的前途，影響至鉅。甚至對於整個社會，所謂風氣好壞，就看全國人民身口意方向的去從。大家都說好話，耳根清淨，社會家庭多麼美好；大家都做好事，你幫我，我助你，一片友愛多麼珍貴；大眾都存好心，處處都有春風、有和平、有尊重。所以，三好運動就是一個淨化社會、改善社會風氣的運動。一人說好話、做好事、存好心，一人得救；全國人民都能說好話、做好事、存好心，全國的人民就都能得度。

請看《佛光菜根譚》的一段話——

「說好話，慈悲愛語如冬陽，鼓勵讚美，就像百花處處香；

做好事，舉手之勞功德妙，服務奉獻，就像滿月高空照；

存好心，誠意善緣好運到，心有聖賢，就像良田收成好。」

你會說好話、做好事、存好心嗎？就讓我們從今天起，大家一起來奉行「三好運動」吧！

《人間福報》二〇〇〇年十一月八日

聽話的藝術

人，在年輕時，聽老師講話，總覺得「話不入耳」，聽老年人講話，總覺得「嘮叨不休」，這就是不會聽話。甚至信仰宗教，聽聞教義「以不懂為好」；或是聽前輩講話，莫不是要人慈悲向善、服務社會，總覺得這些話「與己無關」。對於聞善言而不肯著意，這也是不會聽話。

及至進入社會，對於長官的高言讜論，總是你說你的，我做我的，好似「聽而不聞」，甚至對於智慧前賢所開示的慧語智言，也是覺得沒有什麼重要。如此人生，沒有一句善言法語灌注到心田裡，怎麼能開出智慧的花朵呢？所謂「此世間以音聲做佛事」，對此等人也，又能奈何呢？

除了這許多不會聽、不肯聽、不懂聽的人之外，也有一些人偏聽、誤聽、諛聽、錯聽，因而造成許多是非、謠言，也是不勝枚舉。例如蔣經國在世時曾說，抗戰期中，敵軍的飛機來轟炸，有人問幾架飛機？結果從「是一架」飛機，變成「十一架」飛機，然後又從「就是十一架」飛機，變成「九十一架」飛機。難怪有人說：「帶東西給人會減少，帶話給人會增多。」

所謂聽話聞法，必須「如器受於水」，不可以把水盆覆蓋起來，意即一個人如果心存貢高我慢，則智語慧言就難以進入他的心中；如果你的心中有了先入爲主的偏見、邪見，就像盆中有了雜質，即使再純淨的法水也會被污染；如果你的心如水盆有漏，則即使天降甘露，也會流失。

不會聽話又如「種子植於地」，土地太堅硬，種子不能萌芽；田裡雜草叢生，荊棘遍地，即使發芽也難以成長茁壯；如果暴露在土表上，種子容易被鳥雀所吃，更是沒有機會開花結果。

所以聽話的藝術必順具有四點：

第一、善聽：就是要會聽話，甚至所聽到的話，都能往好處想。

第二、兼聽：所謂「偏聽則暗，兼聽則明」；聽話要能兩面皆聽，才不會失去客觀、公允。

第三、諦聽：就是要用心聽、注意聽，聽後還要用心思惟、記憶。

第四、全聽：聽話不能只聽一部分，更不能只聽正面，不聽反面；只聽好話，不聽壞話，要能全聽才能周全，才不會誤事。

佛陀時代，有一個弟子將「生滅法」聽成「水潦鶴」，不但荒謬可笑，甚至險些誤了自己追求眞理之道。聽話的藝術，豈能不愼！

《人間福報》二〇〇〇年十一月九日

任勞任怨

人在世間生活，不能不做事，做事不但講求能力，講求機智，尤其要「任勞任怨」。一般人任勞容易，任怨就很難了；能夠任勞又任怨，那才是難能可貴啊！

有的人做事很耐勞，起早待晚，從不抱怨辛苦；忍飢忍渴，也不訴說怨尤，爲了把事情做好，冒險犯難、犧牲奉獻、廢寢忘食、殫精竭慮，種種的辛苦，從不計較。

一個家庭主婦，煮飯洗衣、灑掃庭除、花園澆水，尤其生兒育女，推乾就溼，用一生的歲月，換來全家的快樂。

一個部屬隨從，跟隨長官領導，不計繁瑣，不論晨昏，爲主效忠；儘管任務艱鉅，前途障礙，一樣盡忠職守，不生退心。

農夫在田裡耕耘，太陽下的炎熱，暴風雨的侵襲，從不畏苦，也不喊累，只要農田的收成良好；工

人在工廠上班，增加生產，提高品質，不計加班熬夜，不論待遇菲薄，總是感念老闆的知遇之恩，種種辛勞，毫無怨言。

但是，一個人在耐勞之外，假如有怨言，就不容易接受了。而怨言隨時隨處都能加之於你，所謂「當家三年狗也嫌」，所以，做任何事都難以給人十分的滿意。例如，你每日從晨至暮，辛勤的工作，他還是怪你夜晚沒有加班；你一再用心改良產品，他還是怪你沒有爲產品宣傳。

又如在一個團體裡，你有學問，他說你不會做事；你會做事，他說你沒有口才；你有口才，他說你不會外語；你善於外語，他說你沒有親和力；你有親和力，他說你長相不夠莊嚴。總之，怎麼樣的辛勞都心甘情願；一有抱怨，就心不甘情不願了。所以，良言慰語，對一個任勞勤苦的人來說，比加倍給他的薪水，比升他的官位，還更重要。

佛經說：「不能忍受毀謗、批評、惡罵如飲甘露者，不能名之爲有力大人也！」吾人在世間上做人做事，要能做到沒有人怨，這是不可能的，所以凡事只要但求無愧我心，豈能盡如人意？奉勸所有工作者，你們能夠任勞，不算有功；能夠任怨，才是有力之人。

寒山問拾得：「世人穢我、欺我、辱我、輕我、賤我、惡我、騙我，我應該怎麼辦呢？」

拾得回答：「那只有忍他、由他、避他、耐他、敬他、不要理他，過幾年你且看他！」

寒山、拾得的這一段對話，或許可以給我們一些激勵吧！

《人間福報》二〇〇〇年十一月十日

調整觀念

觀念就是看法，一個人只要凡事往好的地方想、往好的地方看，則一切都是好的。甚至只要你歡喜的，你都會把它看成是好的，所謂「情人眼裡出西施」；反之，如果是好的，由於他不相信，即使聖人在前，他也會把他當成一個老頑固。所以，人的觀念中的「主觀」，對一個人的影響實在至爲重要。

有人問：「天堂地獄在哪裡？」天堂地獄當然都在觀念裡！如果你有滿足的觀念，雖然居家簡陋，亦如天堂；假如沒有滿足的觀念，雖然居家豪華，你也感到如在地獄。所以，觀念就是天堂和地獄；天堂和地獄都在吾人的觀念裡。

有人到非洲，看到非洲的人大都赤腳走路，他想，如果前來投資製鞋工廠，生意一定會很好。回來後，尋找合夥人前往實地勘察，哪知有人一看，便說：「非洲人都是打赤腳，他們不習慣穿鞋子，來此製鞋，怎麼會有人買呢？」因此早早打道回府。

所以，一個觀念，可以進，可以退；可以成，可以敗！

觀念裡面有光明，凡事都是光明的；觀念裡面相信能成功，凡事就都會成功；觀念裡面有建設，他就能建設而不會去破壞好人好事；觀念裡面往好處想，一切都是好的。所以人生的觀念如花園，可以培植美麗芬芳的花朵；人生的觀念如工廠，可以生產許多利濟民生的物品；觀念裡面有希望，可以建設未來許多希望的工程。

觀念，有包容的世界，可以建設整個廣大無邊的法界。但是，有些人的觀念裡，都是一些悲觀、消極的想法，都希望能不勞而獲，甚至不重實際，妄想百日升天，如此怎麼會有好的人生呢？所以，哭婆和笑婆，只在我們的一念之間。你要成

爲哭婆，因爲你有哭婆的觀念；你要成爲笑婆，也必需要有笑婆的觀念。你不必希望榮華富貴、功名利祿，你只要建設好的、眞的、善的、美的觀念，所謂觀念爲因；有好的因，又何懼沒有好的果呢？

《人間福報》二〇〇〇年十一月十一日

功成不居

世間上，有人幫別人打天下，有人幫別人創事業；有人幫別人成名，有人幫別人賺錢，因此就有兩種結果：有的人「居功自傲」，有的人「功成不居」。所謂「共患難容易，共富貴難」；但是也有的人「能夠共享富貴，卻難共度患難」，這就要看大家在成功立業之後，相處的藝術如何了！

歷史上，多少的英雄好漢，因爲不擅於「韜光養晦」，往往「功高震主」，最後落得「鳥盡弓藏、兔死狗烹」，例如韓信與文種的悲劇下場；然而也有的人懂得「功成身退」之道，故能「全身遠禍」，例如張良、范蠢，他們的人生自然又會有另一番的境界了。

自古以來，固然有不少的奸臣孽子，作奸犯上；但是也有不少的帝王因為容不下功臣，造成多少冤獄，不但動搖國本，也為自己的人格留下污點。例如朱元璋的濫殺功臣，這是他性格上的缺點；但是另外像趙匡胤，雖然對功臣心存防範，但是他採取「杯酒釋兵權」的溫和手段，也算難能可貴的了。

現在的人，常常在一個團體裡，因為一直誇耀自己的功勞，不斷炫耀自己的貢獻，時時賣弄自己的才能；由於過分標榜個人，故而不能升遷，不受信任，不予重用，就不是沒有來由的了！

尤其現在的社會，不管政治上、企業界、演藝圈，許多坐轎抬轎的人，由於喜歡誇大、賣弄自己的功績，故而有的人不能升官，有的人友誼不能保持，此皆是不懂得謙沖，不懂得「功成不居」的藝術，所以世途坎坷、前途艱難，也就不是沒有原因的了。

在佛教裡，對於一些布施的功德主，都告訴他們應該要「布施無相、度生無我」的道理。所謂「無相布施」，就是不提個人的功勞，不要對方感謝，不計較布施的價值多少？這就是「三輪體空」的道理。所謂「無我度生」，就是不作「我爲能度」之人，也沒有「你是我所度」之相；能所雙亡，才是最高「功成不居」的眞理。

例如，佛光山是一個重視團隊的道場，注重「集體創作」，標榜「光榮歸於佛陀，成就歸於大眾，利益歸於常住，功德歸於檀那。」此中實在不無眞理在焉！

《人間福報》二〇〇〇年十一月十二日

不求速成

「不求深而膚淺」，這是現代人的通病。現代人崇尚「速食文化」，凡事只求「速成」，不肯「養深積厚」，因此「難成大器」。正如在山林裡培植一棵樹木，如果一年就把它砍伐下來，只能當柴火燒；如果三年後砍伐下來，可能用來做桌椅；如果十年以上的樹木，就可以做爲棟樑。所以，「不求速成」就是要吾人能經得起歲月霜雪的熬煉；能夠歷久，才能更大、更高！

佛經說，有一個愚癡的國王，看到皇后爲他生了一個女兒，只有手掌般大小，非常不樂，因此要求大臣設法使他的公主「立刻長大」。聰明的大臣說，要把公主帶往海外求取仙藥，在求仙期間，國王和公主不可相見。國王認爲此法甚妙，欣然應允大臣所求。經過十五年後，大臣帶著公主回國，國王一看，公主已長成亭亭玉立的少女，心中大喜，於是下令犒賞大臣。但是，國王哪裡懂得，世界上哪裡有「立刻長大」的法術呢？

一位駝驃比丘，專職負責替行腳僧掛單，晚間都要打一盞燈籠照路。他爲大家服務了三十年以後，夜裡帶著遠來的比丘住宿，再也不需要提燈籠照明了，他的手指自然就能放光照明。

一位香口沙彌，出生之後，因爲良好的習慣，三十年不說一句妄言，所以他出言吐語，都有微妙的香氣。

駝驃比丘若無三十年的提燈籠爲人服務，何能放光？香口沙彌若無三十年的不說妄語，何能芬芳？

現在社會上的青少年，總想一步登天，凡是希望躐等，沒有按部就班、循序漸進；不懂「大器晚成」的人，即使速成，也不會耐久！

速食麵雖然美味，但不能經常享用；微波爐雖然快速便利，但是熱度不能耐久。沒有「十載寒窗」，哪能「一舉成名」？沒有「百年歲月」，哪有「古柏青松」？

所以，人生就像馬拉松賽跑，就看誰跑得長、跑得久？唯有耐煩持久，堅持到最後終點的人，才能接受掌聲的喝采，才有機會得到勝利的歡呼！

《人間福報》二〇〇〇年十一月十三日

珍惜人身

「人身難得，佛法難聞！」佛法說：得人身如爪上泥，失人身如大地土。《法華經》比喻，在廣闊無邊的大海裡，一隻獨眼的烏龜，想要浮上水面，必須靠一根在大海裡漂流的木棍。烏龜想要遇到這一根木棍的機會，可說微乎其微；人身難得，就如此喻。

「人身」既然如此難能可貴，我們就應該好好珍惜這個身體，如果不愛惜身體，萬一身體病了，全家人都會因你的病痛而受累，如果身體傷殘了，家庭社會也要付出許多成本，供你使用。所以，有的人不愛惜身體，甚至用自殺來毀滅身體，簡直是罪大惡極。

身體，不應只是用來吃飯、睡覺，如果只是吃飯、睡覺，與衣架、飯桶何異？

身體，如果過分的珍惜它，以致好吃懶做，固然不當；但是不給予保健、休養，也是非法。人的身體，要用來為家庭服務，為父母服勞，為社會奉獻；你能把健康的身體，用來做正當的事業，用來貢獻國家大眾，才能增加人身的價值。

一棵大樹，因為它能庇蔭路人，就會受人愛護；一座橋樑，因為它能供人行走，就能獲得保護。珍惜人身，你能像路邊的樹蔭、你能像河流上的橋樑一樣利益於人嗎？

有一個有天眼通的人，忽見路旁有一個鬼在鞭打屍體，就趨前問曰：「人既已死，何必鞭打他呢？」打者回曰：「你有所不知，此人即是我的前生，因爲他在世時，殺盜淫妄，爲非作歹，害我現在墮落到地獄裡受苦。想到這裡，如果不鞭打它，實在難消我心頭之恨！」

此人再繼續向前走了沒多久，又見一人在路旁向著一具屍體獻花跪拜。此人上前問道：「人既已經死了，何必香花叩拜呢？」拜者曰：「你有所不知，此人是我前生之身體，當他在世的時候，慈悲利世，恭敬三寶，孝道行慈，造福鄉里，因爲他，我現在才得以生天，享受天福快樂，爲了感謝他，所以我在此禮拜！」

身體之於吾人，不但今生的關係密切，甚至還會影響到未來的生生世世，吾人怎能不好好的珍惜它呢？

《人間福報》二〇〇〇年十一月十四日

學習接受

人生自呱呱墮地，最重要的，就是要教他學習禮貌，學習對人的稱呼。及長，教他學習技藝、學習知識。其實，更重要的，應該教他學習「接受」；「學習接受」是成功立業的基礎。

如果你有機會到一個學校參觀，你從課堂上，看到學生在上課時剪指甲、削鉛筆、開抽屜、翻書本、傳紙條、東張西望等，你就知道，他必定沒有用心在聽老師講話、指導；如此沒有「接受」習慣的青年學子，你要他將來會讀書、會考試，能有好的成績，實在難矣也！

所謂「如器受於水」，一個有漏的器具、一個骯髒的器皿，甚至一只覆蓋的杯碗，即使再好的東西，又怎麼能裝得進來呢？所謂「如地植於種」，你播種在土壤外，被鳥雀給吃了；你把種子撒在堅硬的地板上，甚至種在長滿雜草的荊棘叢中，又怎麼能夠萌芽、成長呢？所以，一顆種子沒有土壤的「接受」；一杯水沒有器皿的「接受」，都是徒勞無功的。就像天降甘露給你，你沒有「接受」；再溫暖的陽光，但是普照不到你，又能奈何？

因此，一個學生會不會讀書，就看他會不會「接受」。幼兒牙牙學語，不斷的模仿、學習，必須養成他「接受」的習慣。不但學習接受，而且只要是好的，即使是專制的、委屈的、無理的，都應該接受；因爲你在無理、委屈、專制的情況下都能接受，則日後在自由、民主、眞理之前怎麼會不接受呢？

遺憾的是，現代的青少年不懂得「接受」，對於父母的話，「言者諄諄，聽者藐藐」；對於老師的種種教導，即使春風化雨，也不能注入他的心田，因爲他不肯「接受」。就如《佛遺教經》裡佛陀說：「我如良醫，應病與藥，汝若不服，咎不在醫；我如善導，導人善路，汝若不行，過不在導。」

多聞第一的阿難尊者，所以聰明智慧，因爲「佛法如大海，流入阿難心。」敏而好學的顏回先生，所以成爲孔門的傳人，因爲他「朝聞道，夕死可矣！」一個人能夠接受父母、老師、聖賢的謹言教誨，能以聖賢爲模範，心中能夠包藏萬有，還怕不能成功嗎？

所以，對於「接受」，凡是正當的、清淨的、善良的、眞實的知識、道理、技術，都應該好好的接受。你能接受美好的事理，成爲你的傳燈，將來才能把好的還給社會。「學習接受」是多麼的重要啊！

《人間福報》二〇〇〇年十一月十五日

缺陷美

人生的美好，都是因為長得五體健全，相好圓滿，所以才名之為「美」。但是，缺手缺腳、缺眼缺耳，五體不全，五根不具，所謂「缺陷」也能稱得上「美」嗎？

有缺陷的人，不要傷心失望！世間上有殘疾的人，比比皆是。愛迪生耳朵聾了，他反而能發明電燈，帶給人類光明；海倫凱勒是一個十不全的女士，她卻能成為世界的偉人。

多少耳朵聾的人，頭腦更清楚；多少眼睛瞎的人，聽覺更敏銳。正常人寫字、畫畫，不足為奇；沒有手的人，如口足畫家楊恩典，如無臂童加拉格爾參加書法比賽，從十幾萬人中脫穎而出，他們的成就，更爲偉大。

花蓮原住民蔡耀星，雖然雙臂殘廢，卻連續勇奪三屆的游泳冠軍，人稱「無臂蛙王」；罹患類風溼症的劉俠女士，雖然手腳不靈活，卻長年寫作不斷，成爲著名的作家。甚至從小在地上爬行的鄭豐喜先生，不但讀完中興大學，並且娶得賢德女子吳繼釗共組家庭；身高不及七十公分的黃開全、唐翠蓮，以及蘇聯的連體姊妹瑪沙與達沙，他們一樣能結婚交友，談情說愛過了一生。

人，不一定要太圓滿、太美麗，所謂「紅顏薄命」、「天妒紅顏」，

太好反而容易遭忌；有缺陷，有時反而能「因禍得福」。所謂「塞翁失馬，焉知非福」，佛像缺手斷頭，雖有缺陷，因爲美，故而受到世界各大博物館的爭相珍藏；玫瑰花有刺，刺是玫瑰花的缺陷，但也因而保護了玫瑰花的芬芳美麗，由此可見「缺陷美」的價値。

佛教史上所謂「醜僧俊道」，由於身體不全，容貌不好，反而能眞正的安心修道，成就了一生的修道事業。例如玉琳國師，他的前生是個十不全的書記師，因爲醜陋，身根不全，反而激發他求道的意志。

波斯匿王的醜陋公主，不能隨夫外出交際應酬，只在屋中禪淨爲伴，因而氣質改變，容貌也因此日漸莊嚴。反之，妙賢比丘尼因爲美麗，經常受到一些青少年的騷擾，她一直爲美麗而悲哀。所以，太美麗，有時也是一種缺陷。

「麝因香味身先死；蠶因絲多命早亡。」參觀紫禁城的人，往往羨慕古代皇帝的宮殿高廣；其實房子再大，不能自由外出，反不若平民百姓逍遙自在的生活，世界更爲寬廣。因此，人生如果懂得欣賞「缺陷美」，那就是自我的心中已經圓滿了。

《人間福報》二〇〇〇年十一月十六日

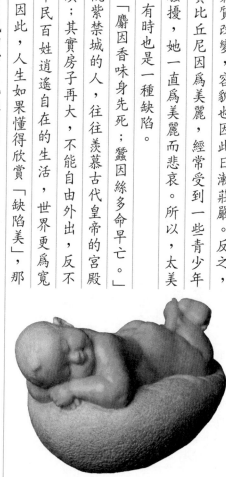

掛一單的觀念

自古以來的雲水僧，所謂「一缽千家飯，孤僧萬里遊。」但是，雲水僧從這間寺院到那間寺院參訪，不但要有度牒，要懂得禮儀，而且要經過「掛單」的手續，要得到知客師允許你掛單，才能進入雲水堂。

初到雲水堂的時候，要經過寮元師的盤問：你叫什麼名字，你的資歷、師承等。之後，他還會問：「你來作什麼？」雲水僧都要回答：「打擾常住掛一單！」

既然來者合乎禮儀，也具有身分，經過掛單以後，你要進禪堂，你就等待考試，因爲有進堂的日期；你喜歡念佛，經過批准，你可以到念佛堂裡念佛；如果你只是經過本地叢林的參訪，雲水寮也會爲你安排，滿足你的願望。

有的人感謝叢林常住准他掛一單的慈悲恩惠，他也會討一行單，爲你挑柴擔水，或者一年到三年；有的爲你煮菜作飯，或者一期到兩期。甚至有的爲你巡山看守叢林；有的爲你除草作好環保園藝。總之，他感恩惜福，不會白吃、白住，他會表現一個「掛一單」的雲水僧美好的行誼。

雖然說「天下叢林飯似山，缽盂到處任君餐」，但是，自古以來的江湖行道者，都有因果道德的觀念，他不會侵犯常住，不會做一個想「遊府吃府，遊縣吃縣」的遊手好閒人士，總以自己的勞力、時間、心願，奉獻給常住，感謝准他掛一單的情誼。

叢林常住了解雲水僧的學德素養，也會找人出來「留單」，如果雲水僧知恩圖報，可以陸沉叢林，苦行作務，一住就是數十寒暑；「將此身心奉塵剎，是則名爲報佛恩。」

但是也有極少數的人不知天高地厚，以爲很容易「掛一單」就可以到處遊山玩水；如果經過一家叢林「遷單」，以後各處各地叢林的知客師知道你曾經被遷單，則一生信用掃地，到處碰壁，就也不容易再「掛一單」了。

社會上所講的權利與義務，所謂「不依規矩，不能成方圓」；「掛一單」成否的因果，你不能不重視喔！

《人間福報》二〇〇〇年十一月十七日

所謂「輿論」

人，歡喜議論他人的長短；大家說多了，就成爲「輿論」。

「輿論」也不一定就是公平的！有的人「實事求是」，不重視別人的批評；有的人「製造輿論」，不深究是非好壞。所謂「周公輔佐成王日，王莽謙恭下士時」，你說，輿論能公平嗎？

歷史上，多少人爲民請命，懷抱救世之心，只因不合當道，腰斬市口，反而成爲社會罪人！流氓盜匪，聚眾造反，成者爲王，萬眾歌頌，這又是什麼樣的輿論呢？

世上有許多人專門「沽名釣譽」，製造假象，卻爲社會所歌頌；多少人救世行仁，默默行善，卻不爲時人所知。在台灣經常頒發的獎牌，或是票選的傑出人物，難道都非常公正嗎？難道都沒有遺珠之憾嗎？即使是世界最崇高的諾貝爾獎，也都公平公正嗎？爲什麼中國人換了一個洋名字就能得獎？難道中文的名字就那麼沒有價值嗎？

在我們的社會裡，有人文學造詣極好，著書立說，就有人批評說：他沒有哲理、思惟！有的人哲學造詣極深，大家又說：他的口才不好。口才流利的人，又有人說他不懂外文；中英文皆好，又說他不會做事；做事能幹，又再議論他沒有學問，所以到了最後，好像整個中國再也找不出一個能者、找不出一個人才了。

中國民間也有一個故事，說明輿論失真過當之處。

話說有父子二人，共乘一驢進城，觀者曰：「好殘忍喔！兩個人坐在一頭小驢子身上，也不怕驢子負荷過重！」

父親聞言，趕快下來，讓兒子乘坐。見者又說：「好沒有道理！怎麼老人在下面走路，反而是少年舒服的坐在上面？」

兒子一聽，馬上下來，對父親說：「還是您上去坐吧！」

見者又說：「老年人不知道愛護兒童，自己坐在驢子身上，卻讓孩子走路！」父親深覺人言可畏，於是下來，二人步行前進。豈料見者又說：「這二個人怎麼有驢子不坐，而要辛苦的走路？眞是傻瓜！」

父子無奈，只得雙雙把驢子舉起，抬著進城！

這就是輿論，合理嗎？所以，世間的輿論很難周全、完美。吾人凡事只要「但求無愧於心，豈能盡如人意！」因此，對於別人的言論，我們又何必太過介意呢！

《人間福報》二〇〇〇年十一月十八日

孝順要及時

有一隻小青蛙，老是和媽媽唱反調，媽媽叫他往東，他偏要往西；媽媽叫他往西，他偏偏往東。有一天，青蛙媽媽知道自己快要死了，青蛙媽媽喜歡住在山上，不喜歡住在水邊。因爲小青蛙常和青蛙媽媽唱反調，所以青蛙媽媽交代兒子把牠葬在水邊。平常不聽話的小青蛙突然良心發現，聽從媽媽的話，就把青蛙媽媽葬在水邊。黃昏時，擔心媽媽會寂寞，就在水邊呱呱叫；下雨時，

擔心媽媽被水沖走，也在水邊呱呱叫。媽媽在世的時候不聽話，死後再來傷心，難過得呱呱叫已經來不及了。

現代的社會，愈來愈不注重孝道倫理了，尤其所謂「代溝」的問題，越發使得現代人的「親子關係」更爲疏遠、淡薄。你看，醫院裡的老人病房與兒童病房裡，「孝順的父母」很多，但是「孝順的兒女」很少。所謂「久病床前無孝子」，兒女不但平時難得到醫院探望父母，更別說在病榻前的關懷、照顧了。

再說，現代父母平時接送兒女上學，日日月月、歲歲年年，無怨無尤；但是兒女偶爾陪父母到醫院看病，一次、二次，他就心不甘、情不願的嫌煩了，好像給了父母天大的恩惠一般。台灣「三代碗」的故事，所謂「記得當初我養兒，我兒今又養孫兒；我兒餓我由他餓，莫叫孫兒餓我兒。」眞是可憐天下父母心啊！

在南海普陀山有一個屠夫，是一個不孝子，平時事母極爲忤逆。有一天他也跟人到普陀山朝拜，他聽說普陀山有活觀音，就到處向人詢問。有個老和尚告訴他說：「活觀音已經到你家中去了。」他匆匆趕回家中，母親跟他說：「堂前雙親你不孝，遠廟拜佛有何功？」

孝順父母不要等到百年，在世時就要孝順。魏晉南北朝時，晉武帝下令要召請李密當太子的老師，但是他說：「臣盡節於陛下之日長，報養劉氏之日短也！」這正是說明：孝順父母要及時，千萬不要到了「樹欲靜而風不止，子欲養而親不待」，豈不是要像小青蛙一樣，在水塘邊呱呱的叫個不停嗎？

《人間福報》二〇〇〇年十一月十九日

超越極限

人生像五指一樣，希望做大姆指，最大、第一、頂好；做食指，手一指，就是命令、是領導、是指揮；做中指，最長、最中、最粗；做無名指，無名才是眞名、無名指才配戴黃金鑽石的手飾；做小姆指，小姆指總是想到，只要合掌，就是我和聖賢、長者最爲靠近。

所以，基本上，人都有挑戰極限的渴望。例如：建築商人要建最高的大樓，工程專家要闢最長的道路，學生要考取最好的學校，甚至人人都想創造金氏紀錄，都想成爲世界的總冠軍。

秦始皇建築萬里長城，功勞蓋世；亞歷山大想要征服世界，雄心萬丈；拿破崙希望統一歐洲，建立不朽事業；隋煬帝開鑿運河，希望到揚州極盡人生的享樂。

世界上的拳擊好手，莫不希望擊倒拳王阿里；世界上的長跑健將，莫不希望自己是馬拉松第一的保持人。甚至許多跳高跳遠的選手，總希望自己跳得最高、跳得最遠；最主要的，他們在體育界，總是希望能超越人類體能的極限。

因爲嚮往人生的極限，世界上的首富，建立各種事業王國，希望自己最是富有、最具權威、最大成就、最有貢獻；大陸的四歲小童燈娃，游泳横渡長江；「亞洲第一飛人」柯受良，騎機車飛越黃河峽口，他們都在超越人生的極限。甚至有人用圓桶飄渡尼加拉瓜大瀑布，有人用直昇機環遊世界；大家不計生命危險，只爲了創造人生的極限，寫下歷史的第一。

每個人都有無限的潛能，也都希望不斷的進步；人人希望追求最好、最美、最高的成就，這就是一種超越極限的本能、欲望。但也有的人安於現狀，跟現實妥協，不敢跟自己挑戰。

其實，人生最大的極限是智慧，可以「見到因緣，頓悟無生」；人生最大的極限是慈悲，可以「無緣大慈，同體大悲」；人生最大的極限是發心，可以「頭目腦髓，供養十方」；人生最大的極限是成佛，可以「了脱生死，圓滿人生」。吾人學佛修行，就是在向最大的人生極限邁進，也就是向成佛作祖挑戰。人人都想挑戰人生，超越極限，何信乎來！

《人間福報》二〇〇〇年十一月二十日

最好的禮物

送禮是一門很大的學問，從古至今，人們藉著送禮來表達彼此的關懷、感謝與祝福。然而，送禮要能送得適時、適當，才能發揮送禮的價值。有的人送禮不當，造成對方的困擾、不悅，或是彼此的尷尬，反而適得其反，失去了送禮的意義。

不當的送禮，例如，罹患糖尿病的人，你送他一包巧克力，你不能怪病人不吃，而是怪你自己的無知；夫妻結婚，你送一盒「二十世紀水

梨」，才剛結婚的夫妻，對此與「離」諧音的禮物，心裡犯忌，這不能怪他多心，這要怪你不懂人情世故。

過去一般人探病，習慣送鮮花；但是鮮花會造成過敏，甚至傳染細菌，因此現在醫院大都不贊同送花。

一般人聽到別人身體不舒服，往往會熱心的介紹偏方、贈送成藥或補藥。其實，藥也不是萬能的，藥要能應病與藥，如果不能對症下藥，反而吃出其他的病來，則是後果嚴重。也有的人贈送奶粉、餅干等，凡是吃的東西，都不是非常的適當。

那麼，贈送什麼才是最好的禮物呢？現代人時興送書、送禮券、送念珠、代訂報章雜誌等，這都是很有意義的禮物。我們送禮，一定都是送給親朋好友，對方收到我們的禮物後，要讓他能夠眞正的受到利益，

所以最好的禮物應該是「忠言」；即使是「逆耳忠言」，也要方便的把你的真心表達。

什麼是最好的禮物呢？「歡喜」是最好的禮物！你就是送紅包、送黃金鑽石等寶物，如果他不歡喜，也沒有意義，所以最好的禮物，就是送給他歡喜。所謂「恭敬不如從命」，你送給他恭敬，接受他的意見，這也是最好的禮物。

送禮得宜，可以增進彼此的情誼。夫妻之間最好的禮物，就是彼此忠誠體諒、親愛互助。父母送給兒女最好的禮物，就是栽培他受教育，培養他健全的人生觀，讓他習得各種立身處世的技能與知識。兒女送給父母最好的禮物，就是乖巧聽話，體貼父母的辛勞，不讓父母操心、生氣，這都是最好的禮物。

一般人習慣在逢年過節、生日、結婚紀念日，或是新居落成、榜上題名、升官發財等特殊喜慶的日子送禮。其實，當一個人遭逢橫逆，身心受創，悲傷失意的時候，你能伸出友誼的手，眞誠的關心他、安慰他，送給他一些因緣，幫助他解除困難、遠離煩惱、提供所需，甚至給他一份祝福，祝他平安、祝他順利、祝他如願等。能夠雪中送炭，給人一些重新再出發的因緣、力量、知識、技能、方便等，這才是眞正最好的禮物。

《人間福報》二〇〇〇年十一月二十一日

操之在我

人，對自己的喜怒哀樂，應該「操之在我」；對自己的成敗得失，也應該「操之在我」。人生何去何從，應該「操之在我」；成王成寇，成聖成賢，更應該「操之在我」！人，應該自己做自己的主人。

俗語說：「沒有天生的釋迦，沒有自然的彌勒」，一切都要靠自己不懈的努力；只要你奮發進取，自然會還給你一個適當的所得。

世間上，有人爲了他人的一句閒話，自己就憂愁掛念，三餐飯菜也食不下嚥；有人因爲一點不滿意的小事，自己就心情煩悶，晚上覺也睡不安眠。像這樣的人生，苦樂都被別人所操縱；要你歡喜，讚美你兩句好話，要你煩惱，批評你幾句壞話，人生都活在別人的掌握之中，豈不可悲！

相傳地獄裡的趙判官，奉閻王之命，到人間來告知世人的陽壽還剩多少。

趙判官坐在路邊，手拿搖鈴，對著告老還鄉的甲說：「你的壽命只剩下三個月；三個月後我會到你的家中搖鈴，只要鈴聲一響，你就要隨我的引導而亡。」

趙判官又再搖鈴一聲，對著經商路過的乙說道：「你的壽命也是只剩三個月，三個月後我會到你府上搖鈴，在鈴聲中，你將隨我而亡。」

甲乙二人聞言，心生恐懼，忐忑不安。從此以後，甲每日憂傷煩惱，想到自己只剩下三個月的壽命，飯也吃不下，覺也睡不好。每天只是看著自己所賺得的錢財發愁，手中不斷的數著自己一生辛勞所積聚的財富，不知如何是好！

另一方面，乙一想到自己還剩下三個月的生命，深覺人生苦短，即使擁有萬貫家財，於我又有何用？因此他廣行布施，到處造橋鋪路，隨緣濟貧救困，如此一忙，竟然忘了自我。

當三個月期限一到，趙判官依約來到甲府，本來已因憂鬱煩惱、心神不寧，導致身體衰弱的甲，一看到趙判官，根本鈴聲都還沒響起，他就已經倒地而亡了。然而乙某則因爲行善布施，造福鄉里，社區感念之餘，爲表謝意，聯手贈送牌匾。一時鑼鼓喧天，熱鬧不已，因此任憑趙判官的鈴聲再響，乙某均未聽見，仍然自在的生活，深感爲善最樂。

所以，人生的前途，得失苦樂，一切操之在我，不由他人也！

《人間福報》二〇〇〇年十一月二十二日

心病難醫

人生，眞是百病纏身。身體上的病，從醫院裡所謂的內科、外科、骨科、精神科、心臟科、泌尿科等各科的名稱可知，老病死的毛病實在繁多。此外，心理上還有貪瞋疑嫉、愚癡煩惱等毛病。

身體上的疾病，即使是過去視爲絕症的癌症、肺癆、敗血病等，以現代醫學的進步，醫生還是有辦法治療；然而心裡的欲望瞋恨、憂悲苦惱，就比較難以療治了。

現在的心理醫師、宗教法語，對於心理病患還是能透過心理諮商，對他們提供有效的幫助。但是，人的各種疾病當中，最難醫治的就是吾人的我執、無明、精神妄想等毛病，這些心病中的心病，即使是華佗再世，恐怕也會有「束手無策」之感。例如，歷史上的「杯弓蛇影」，這就是一種疑心病；又如「百日升天」，這就是一種妄想病，這些疾病都不是一般的醫藥所能治療的了。

有一則笑話說：一位患有神經質的病人，總是疑心他的肚子裡有一隻貓在做窩，眞是寢食難安。心理醫師與精神科醫生百般的治療、輔導，始終無法消除他心裡的疑慮。後來醫師們商量，只得方便做一次象徵性的手術。

手術後，當病人從麻醉中幽幽醒來，醫師手抱著一隻貓，告訴病人：「你肚子裡的貓我已經爲你取出來了，以後你就不必再擔心了！」豈知病人聽後，看看醫生，又再看看那隻貓，滿臉愁容的說：「醫師啊！我肚子裡的貓是黑貓，不是這一隻白貓啊！」

所以，百病之中，最難治療的，就是自私、執著、妄想。因爲我們的心中有結，心結難以打開；因爲我們的心中有恨，恨意難以消除；因爲我們的心中有貪，貪欲無法制止；因爲我們的心中有門，心門不易開啓。所以心中的毛病千奇百怪，治身可以請醫師治療；有了心病，就只得靠自己來醫治，否則只有靠佛法了。

吾人想要去除執著的毛病，必需要用「無我」的空慧，如《般若心經》所謂「照見五蘊皆空，度一切苦厄。」當「我」也能空，「法」也能空；我、法皆空的時候，百病還能不盡皆消除嗎？

《人間福報》二〇〇〇年十一月二十三日

驕氣與傲骨

「驕傲」這兩個字，常常是並排而立的名詞，意謂「自高自大」，但是拆開來看，意義也不盡相同。所謂「驕」氣不可有，「傲」骨不可無，因爲驕慢是成功的敵人，傲骨是成功的朋友；驕慢會給人看輕，傲骨則會給人尊重。

有的人，仗著一知半解，他就趾高氣揚，不可一世；稍稍擁有一些名利，他就志得意滿，盛氣凌人。因爲他的驕氣，反而給人鄙

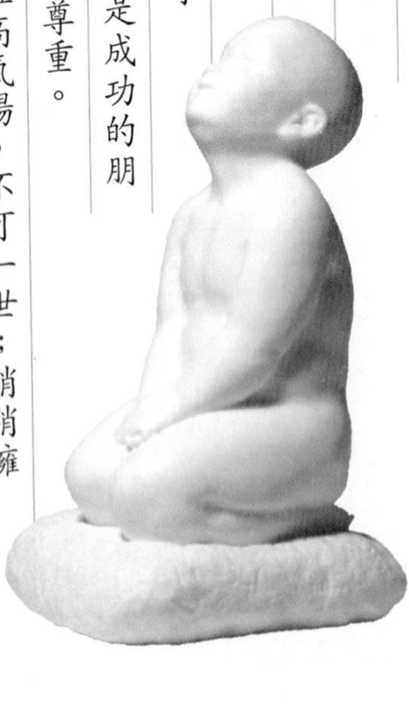

視和看輕。另外也有的人儘管貧無立錐之地，但他不乞求人憐；雖然無位無名，但憑著平時的傲骨，反而受人尊重。所以富貴能夠不驕慢，貧窮而有傲骨的人，自然處在貧富之中，都能自得其樂了。

驕慢之人，人皆不喜。但是，世上偏偏就有一些奴性的人，他不會嫌你驕氣，只要你富有，他就會在你的面前對你逢迎拍馬；反之有志氣的人，他則不屑如此，他寧可跟有傲骨的人結交，彼此肝膽相照，相知相惜，這不也是人生的一大樂事嗎！

世間上，有多少人因爲驕氣而失敗，例如領兵的將領，所謂「驕兵必敗」；又如教書的老師，因爲驕氣而失去人緣；甚至主管因爲驕氣失去部下，朋友因爲驕氣而失去知交。如果能夠把「驕氣」換成「傲骨」，則不管主管、老師、朋友、兄弟，人人都會以你爲榮。

隋煬帝因爲驕奢而亡國，夫差因爲驕矜而失敗；秦始皇驕恣狂妄，曹孟德驕慢自大，歷史上從未有人對這些驕氣的帝王給予讚美；但是投江而死的屈原、擊鼓罵曹的禰衡、不爲五斗米折腰的陶潛、不肯走邊門的晏子，他們的行誼至今依然爲人所稱道，此皆因爲「驕氣」與「傲骨」，讓他們活出了截然不同的人生。

人，得意的時候就容易產生驕氣，失意的時候便容易喪失志氣；人應該在得意的時候去除驕氣，失意的時候反而要增加傲骨的志氣。所謂「富貴不能淫，

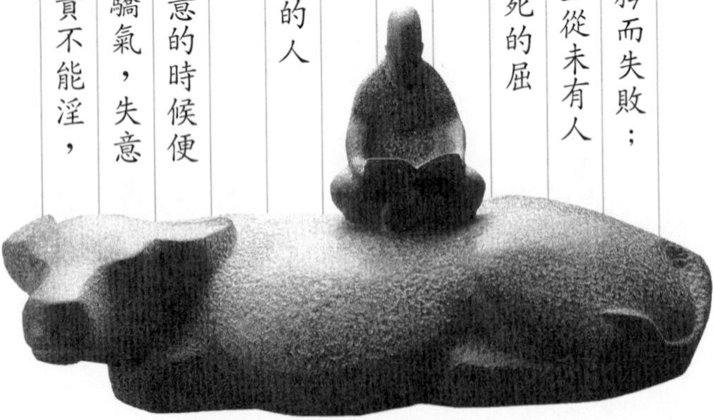

貧賤不能移，威武不能屈」也！

驕慢，都是因爲有所比較；我與人比之長短，我與人比之高下。所以，有一些人「以己之長比人之短」，越比越驕橫我慢；但也有人「以己之短比人之長」，更加激發自己的志氣，所以越比越傲然屹立。

其實，驕氣不可有，驕矜自大，必有吃虧的一天；傲骨不可無，過分的屈膝奉承，也永遠沒有抬頭之日。所以，吾人在貧賤的時候，眼中不可只看到富貴，如此自有傲雪風骨；當得意的時候，要能不忘記貧賤之時，自然不會驕慢不恭。一個人能夠「富而不驕矜、貧而有傲骨」，自能活得安然，活得有尊嚴！

《人間福報》二〇〇〇年十一月二十四日

積極的人生觀

每一個人都有不同的人生觀，有的人樂觀，有的人悲觀。樂觀的人凡事都往好處想，都持樂觀的看法；悲觀的人凡事都往壞處想，都持悲觀的看法。

其實，世界上沒有絕對的樂觀，也沒有絕對的悲觀；「心生則種種法生，心滅則種種法滅。」樂觀、悲觀，當然有外在的因緣，但多數都是自己創造出來的。

有一個國王，出外打獵的時候不幸弄斷了一節手指，問身邊的大臣該怎麼辦？大臣帶著樂觀、輕鬆的口氣說：「這是好事！」國王聞言大怒，怪他幸災樂禍，因此將他關入大牢。一年後，國王再次出外打獵，被土著民族活捉，將他綁上祭壇，準備祭神。巫師突然發現國王少了一截手指，認爲這是不完整的祭品，就將國王釋放，改以國王隨行的大臣獻祭。國王慶幸之餘，想起了牢中樂觀的大臣，他曾經陳說自己斷指是好事，就立刻將他釋放，並對他無故受了一年的牢獄之災致歉。這位大臣仍然樂觀的說：「一年的牢獄之災也是好事，如果我不是坐牢，試想陪陛下出獵而被送上祭祀台的大臣會是誰呢？」

所以，好事不一定全好，壞事也不一定全壞；佛教講「無

常」，凡事可以變好，凡事也可以變壞。悲觀的人永遠都是想到自己只剩下百萬元而擔憂，樂觀的人卻永遠爲自己還有一萬元而慶幸。

蘇東坡在被貶謫到海南島的時候，島上的孤寂落寞，與當初的飛黃騰達相比，簡直判若兩個世界。但蘇東坡隨後一想，宇宙之間，在孤島上生活的，也不只是他一人，大地也是海洋中的孤島，就像一盆水中的小螞蟻，當牠爬上一片樹葉，這也是牠的孤島。所以，蘇東坡覺得，只要能隨遇而安，就會快樂。

蘇東坡在島上，每吃到當地的海產，他就慶幸自己能到海南島。甚至他想，如果朝中有大臣早他而來，他怎麼能獨自享受如此的美食呢？所以，凡事往好處想，就會覺得人生快樂無比。

佛教裡的出家僧侶，一襲袈裟，一雙草履，到處行腳雲遊。他們可以與乞丐同行，但也可以與君王同坐，看起來孑然一身，但是他擁有法界，與全宇宙的眾生同體，這又何來孤獨之有呢？

所以，人生沒有絕對的苦樂，只要有積極、奮鬥的精神，只要凡事肯向好處想，自然能夠轉苦爲樂、轉難爲易、轉危爲安。海倫凱勒說：「面對陽光，你就會看不到陰影。」積極的人生觀，就是心裡的陽光，此言誠不虛也！

《人間福報》二〇〇〇年十一月二十五日

有話要說

社會上有兩種人，一種從早到晚喋喋不休，只聽他嘰哩呱啦說個不停，令人生厭；另有一種人，任何場合都不開口，像個木偶，像個活死人，當然引不起別人對他的注意。

話，說得太多，成為廢話，固然不好；有意義的好話，如果不說，失去機會，心意無法表達，對自己也沒有益處。因此，話，如果是好話，愈多愈好；如果是廢話，少說為妙。

多年來，台灣的軍人教育一直為人所稱道，軍中所推行的「講清楚，說明白」運動，實在是人際溝通的最好辦法。

話，應該當說則說，不當說則不說；不實的話，說了以後是「妄語」，眞實的話不說，也是「妄語」。

有一個殺人犯，雖然逃過法律的制裁，但眼看著有人因他而遭受冤獄，實在逃不過良心的苛責，只好找神父告解。神父在謹守不得將信徒所告解的話訴之他人的規定下，於是找其他的神父告解，以求心安。接受告解的第二個神父也有相同的困境，只得再找第三個神父告解。如此一來，

直到被冤枉的代罪犯人臨刑前，他對前來主持儀式的神父喊冤，神父說：我知道你是被冤枉的，甚至全國的神父也都知道你是無辜的，但是我們實在不能替你伸冤啊！

如此當說而不說，良心何能平安呢？所以，「有話當說」是智者，是勇者；「有話當說而不說」，是愚者，是懦者。我們對於稱人之美的好話、給人歡喜的好話、排難解紛的好話、消除是非糾紛的好話，應該多說；即使所說不實，也是用心良苦啊！

自古以來，多少忠肝義膽的大臣，對皇帝冒顏直諫，皇帝要砍他的頭，他說：「讓微臣把話說完，再砍頭不遲！」可見有話當說，即使犧牲生命也不受動搖，這種精神是多麼可貴啊！

話說有一男士出差，途中遇一賣鳥者，其中有一鳥能說多種語言，男士驚奇非常，隨即以高價購買，準備送給妻子作爲生日禮物。男士因出差在外，任務未完，便將珍鳥託人先行帶回家中給妻子。三日後，男士回到家中，興奮的問妻子：「我託人帶回來的小鳥，妳收到了嗎？」妻子答：「有啊！」男士再問：「鳥現在放在哪裡呢？」妻曰：「在烤箱裡！」男士一聽，大叫一聲：「牠是會說多種語言的珍鳥，你怎麼把牠烤了呢！」妻子一臉無辜的說：「牠一聲也沒吭，我怎麼知道牠會說話！」

由於當說而不說，因此只有被送進烤箱裡。所以，不當說而說，說了沒有用；當說而不說，則悔恨終身，可不愼乎！

《人間福報》二〇〇〇年十一月二十六日

家教的重要

歷史上，有很多名人所以能夠功成名就，都要感謝有良好的家教。例如：孟母三遷、岳母教孝；再如王羲之練字、王冕習畫，都是因爲家庭教育成功，所以終能成爲不世之才。

現在的家庭教育，最要緊的，要養成兒童：

第一、處世的誠信：兒童從小如果養成說謊的習慣，無異爲其前途埋伏了危機；所以養成處世的誠信，這才是成功立業的根本。

第二、良好的習慣：從小培養兒童愛好整潔、慈悲護生、隨手關燈、關門等良好的習慣；有了良好習慣，何患將來做人不能圓滿。

第三、禮貌的品德：兒童從小就要養成他對人尊敬的習慣，甚至不但對長輩要有禮貌，對待任何人都要謙恭有禮。所謂「敬人者人恆敬之」，能夠待人以禮，將來自然也能受到別人的尊重。

第四、接受的性格：有的學生不會讀書，不會考試，這都是由於上課不能專心聆聽，沒有接受的習慣。沒有接受的性格，猶如器皿覆蓋，如何能承受天降甘露？所以從小要養成兒童接受的性格，如此才能學習、進步。

第五、勤勞的美德：「勤有功，戲無益」；兒童的心智未能健全，皆因好遊玩，因此應該導引他們讀書、工作，養成勤勞的美德。

第六、正常的生活：養成兒童正常的生活，包括三餐起居，以及情緒的正常；生活正常，有益於身心健康，對於將來立身處世，更是關係重大。

除了以上六點以外，尤其要維護兒童的自尊心，不可經常肆意的諷刺他、譏嘲他、責備他、歧視他。例如有的父母常說：我的兒子沒有出息，我的小孩不乖，我的女兒好吃好玩等等，因爲你任意的用語言傷害兒女幼小的心靈，他聽到父母一直看不起他，數落他的不是，反而會生起反叛的心理，乾脆做個不好不乖的兒女。

所以，父母應該信任兒女、尊重兒女，不要和兒女形成對立。良寬禪師對夜遊的沙彌尊重愛護，對花天酒地的侄兒耐心開導；因爲他不說破，反而收到更大的效果。可見佛教的同事攝、愛語攝，實在都是最好的家庭教育，更是父母應該學習的課題！

《人間福報》二〇〇〇年十一月二十七日

改正缺點

「人非聖賢，孰能無過？」過失就是我們的缺點；「過而能改，善莫大焉！」可見只要能改正缺點，就是善事！

吾人從小，父母就不斷的教我們要改正缺點，例如：不可以隨地吐痰，天亮了不可賴床，不可貪吃、貪睡，甚至不要說謊，不要頑皮。到了學校，老師也教我們要改正缺點，例如：講話不能太大聲，走路不可以奔跑，不要打架鬧事，不可以吵鬧頑皮等。甚至到了社會上就業，長官也叫我們要改正缺點，例如字寫得不好看的，要你把字寫好；說話不得體的，告訴你語言的禮貌；公文書寫不合格，他教你怎麼改正；上下連繫不如法，他告訴你如何處人處事？總之，「改正缺點」才是人生成功立業的基礎。

美國總統富蘭克林說，他的一生都在努力改進自己的缺點和改進國家的政策。談到他如何改正自己缺點的經過，他說，少年時代他是個狂妄的人，有一天，忽然覺得：任性狂妄怎麼能成功呢？所以他悟到，要做一個成功的人，一定要先掃除人格上的缺點。他把自己不良的習慣、不受他人歡迎的性格，一一列在牆壁上，例如：好爭辯、沒禮貌、不守時、無耐性、執著、自私、懶惰、說歪理、不尊重別人、沒有寬恕的雅量、好計較等，總計有幾十項之多。他立志要改革這許多的缺點和惡習，每天都把這些列在牆壁上的缺點拿來考核自己的言行，一有成效，就把缺點從牆壁上刪除。經過一段很長的時間，他果然革除了缺點，養成和藹可親的性格，受到廣大群眾的歡迎，終於當上美國的大總統。

當我們在做人處事上，如果經常責怪別人的不是，必定是自己有了缺點，自己有了問題，所以這個時候如果自己聰明的話，應該「反觀自省」，用責備別人的心來責備自己，用寬恕自己的心來寬恕別人。一個懂得檢討自己、改正自己的人，必定會是一個到處受人喜愛的人。

俗語說：「江山易改，本性難移」；難移並非絕對不能移。因此，只要你有決心、有勇氣想要改正缺點，初時雖然很難，但終究並非不能改。所以吾人應該有痛下決心「改正缺點」的勇氣，如此才有機會成爲一個受人尊敬的聖賢完人！

《人間福報》二〇〇〇年十一月二十八日

談判高手

軍事上，戰況膠著，難分勝負；或者一方落居下風，無力迎戰，只有提出講和，從談判桌上尋求解決。商場中，同行競爭，為了避免兩敗俱傷，只有透過談判，共創商機。

情侶間，出現三角關係；兄弟中，為了爭奪家產，在這種情況下，如何談判呢？

最成功的談判，應該站在對方的利益著想，如此談判，才能容易成功。因為談判的雙方，中間的鴻溝是由於彼此的立場不同所造成，所以談判前先要消除雙方對立的形勢，改以謀求共同的利益為出發點，如此才能消除鴻溝，才能達成共識，才好談判。

談判並非指責，談判雖然要有立場，有時候也難免需要計較，但是談判也要本著公平、公正為原則。談判最怕的就是沒有法則、沒有軌道、不顧情理、不肯為對方設想，如此當然就不能成為談判高手了。

在談判桌上，如果當事人雙方不能求得共識，可以再找公平、公正的有關人士參加；或者可以經過研究後，改日再談！或者把對立的問題，找數據、找專人，另外約期再談。

談判時即使破裂了，或者遭到拒絕，也要有代替的方案；能夠留有餘地，未來才有周旋的空間。

佛世時，頻婆娑羅王想要對鄰國發動戰爭，叫雨舍大臣先向佛陀請教得勝的方法。雨舍大臣認為向佛陀提出這種問題，實在為難佛陀；但是王命不能不從，於是勉爲其難的應命前往。佛陀看到雨舍大臣到來，請他坐在一旁，佛陀便和阿難尊者談說「治國七法」，說明仁義、慈悲、教育、提升經濟等，這才是勝利。雨舍大臣將佛陀的話轉告頻婆娑羅王，終於化解了一場戰爭，所以佛陀是談判的高手。

維摩居士與文殊菩薩談論什麼是不二法門？文殊菩薩說：「於一切法無言無說，無示無識，離諸問答，才是入不二法門。」文殊菩薩說後，回問維摩居士：「什麼是不二法門？」維摩居士一個沉默，文殊菩薩大爲歎服，說：「離開語言、離開文字、離開思惟，這才是不二法門。」由於他們彼此體諒對方，代替對方講話，所以他們都是談判時的最高對手。

戰國時代，燕、趙、韓、魏、齊、楚、秦，各國分裂、對峙。由於地理關係，秦國位居西陲，蘇秦建議六國以「合縱」的策略，做爲生存之道，而張儀則游說燕、趙、韓、魏、齊、楚各國分別與秦合作，以「連橫」的對策破解。其時，由於「合縱」破解「連橫」，由於「連橫」分化「合縱」，他們的思想、理路廣闊，在當時能以三寸不爛之舌，說動王侯公卿求取富貴，所以在那個時代裡，成就了許多的說客，成爲談判高手。

甚至早在蘇秦、張儀之前，藺相如完璧歸趙、全身而退；晏子身高不過五尺，卻對強楚不亢不卑，他們都是談判高手。乃至後來三國時代的諸葛亮，在東吳能舌戰群儒，主要的是他能以東吳強權的利益爲先，故能說服滿朝文武，爲劉玄德取得勝利，更是談判高手。

二十世紀以來，民國成立前後，幾乎沒有出過談判高手。從一八九五年的馬關條約、一九〇〇年的八國聯軍之亂，由李鴻章等人斡旋；以及到了民國成立，袁世凱代表滿清和民國談判，因為他居心叵測，欺國稱帝，所以自取滅亡。後來各地軍閥割據，就更少有大義凜然的談判高手誕生了。

及至到了一九〇九年的五四運動，在巴黎的會議，一些民國的談判代表們，莫不喪權辱國，很少能成為談判高手。甚至一九三七年的中日戰爭，也是因為彼此沒有談判高手，才引發戰爭。後來和中美外交的來往，顧維鈞、胡適之周旋在中美之間，他們的表現也因為「弱國無外交」，因此只能說「差強人意」。

及至後來的國共戰爭，只經常聽到有人讚歎周恩來是談判高手，卻很少聽到中華民國的談判專家。甚至和談的代表張治中、邵力子等五人到了北京談判，五位代表乾脆都投入到共產黨的陣營，如此代表，怎不令國人傷心呢？

反觀美國的馬歇爾、杜勒司、季辛吉等，他們周旋在國際歐亞之間，他們那種解決問題的魄力與氣勢，才眞正有一點像中國古代的說客，可以稱得上是近代史上的談判高手。

現在的海峽兩岸，海基會、海協會也因爲雙方都缺乏談判高手，所以彼此我執、法執，不容易溝通，也不容易協調，致使海峽兩岸文攻武嚇，戰雲瀰漫。雖然也有「密使」出現，這也未嘗不可，只要有益於雙方關係的和諧，公開談判也好，秘密談判也好；甚至韓戰在北緯三十八度線，美國和共產黨一談就是數十年。不過縱使如此，能談也總比不談好。

談判最重要的，要建立在彼此的尊重上，不要把自己的利益繃得太緊，要耐心的協調、溝通、舒解；懂得尊重、協調、溝通的人，才夠資格談判。

談判時，要承認對方好的地方，不要一直攻擊、批評，那是無法談判的；如果眞是錯誤的，自己也應該要謙讓。總之，要讓彼此雙方皆大歡喜，創造雙贏的結果，這才是眞正的談判高手。

現代的談判，大部分都不由得在前方接觸的人做主，後面都有一些主導者；因爲不知道前方的實際情況，只在後方操縱，有的時候致使談判越談越僵，最後只有不歡而散！

佛法的妙義，有時講空，有時論有，看起來雙方是對立的。其實在佛教的談判高手口中，它可以「空即是有，有即是空」，空有不二。所謂「色即是空，空即是色」，即此之謂也！

《人間福報》二〇〇〇年十一月二十九日

提升與沉淪

西元二千年三月，中華民國總統大選前，中央研究院院長李遠哲先生發表談話說：「未來的國家，是希望提升呢？還是讓他沉淪呢？」

國家要提升，才有前途；不能提升，只有沉淪了。政治自由民主，當然是提升；經濟增值成長，當然是提升；社會和諧尊重，當然是提升；作官正直清廉，當然是提升；做人慈悲誠實，當然是提升。新政府和新的領導人如果沒有這許多的條件，國家只有沉淪了。

國家是如此，我等個人不妨也可問問自己，未來的前途，我們是要提升呢？還是要向下沉淪呢？

個人的知識不斷的成長進步，這就是提升；個人的品德不斷的健全厚實，這就是提升；個人的習性不斷的淨化善良，這就是提升；個人的言行不斷的慈顏愛語，這就是提升；個人的工作不斷的勤勉快速，這就是提升；個人的生活不斷的清素簡樸，這就是提升……否則，那就是沉淪了！

社會上、家庭裡，多少人孜孜不懈，就是爲了提升自己，但也有人自暴自棄、惡性難改，只有沉淪了。

許多人爲了提升自己，與惡勢力奮鬥、與惡習慣掙扎、與惡環境周旋，總想要提升自己的形象、提升自己的名望、提升自己的地位、提升自己的人緣。但也有人看不破功名利祿、勘不透人我是非、提不起向上向善的意志、奮不起勇往向前的精神，遇到困難、關卡，只有向下沉淪了。

有人說：「學如逆水行舟，不進則退」；此即說明，作學問要不斷的追求新知、不斷的啓發智慧、不斷的開拓思想，爲的是要提升學問。

有人說：「做人難，人難做，難做人」；所以做人要不斷的表現自己的慈悲，不斷的奉獻自己的力量，不斷的給予他人歡喜，以免自我不能提升而向下沉淪。

一個人對國家要提升自己的愛國情操，奉公守法，所謂諸葛先生的

「鞠躬盡瘁，死而後已」。一個人對家庭要提升上慈下孝的美德，給予老有所養，幼有所教，以盡人倫之責。所以，我們在國家社會之中，要不斷的提升，千萬不能沉淪。

佛教裡，有情眾生有「十法界」之說。在人之上有佛、菩薩、緣覺、聲聞、天等；在人之下有修羅、地獄、餓鬼、畜生。人居樞紐，有戒定慧就能向上提升；有貪瞋癡就會向下沉淪。聰明的讀者，你是要提升自己呢？還是要沉淪自己呢？

《人間福報》二〇〇〇年十一月三十日

欺善怕惡

世間上的人，有善人、有惡人；世間上的事，有好事、有壞事。善人做好事，容易被人欺負；惡人做壞事，總能令人畏服。其實，「人善人欺天不欺，人惡人怕天不怕」；偈語亦云：「善似青松惡似花，看看眼前不如它；有朝一日遭霜打，只見青松不見花。」

善人做好事，雖然被欺負、被壓迫、被爲難，這只是一時的，最後善人終會勝利，不會被人打倒；惡人做壞事，有人怕他、幫他、隨他，這也是一時的，最後惡貫滿盈時，即使沒有人去打倒惡人，惡人也會自己倒了下來。

洪自誠先生說：「爲善之人，如入芝蘭之室，不聞其香，但日有所增；爲惡之人，如磨刀之石，不見其減，但日有所損。」吾人是做幽蘭吐露芬芳好呢？還是做鋒利的磨刀之石好呢？

有的時候，善人做好事卻遭遇不幸；有的時候惡人做壞事，卻是榮華富貴。其實，所謂「善有善報，惡有惡報；不是不報，時候未到。」因果不能只看一時，例如唐朝的來俊臣，爲人作惡多端，雖然風光一時，最後終於自食惡果；民國初年，大陸上的紅衛兵及清算鬥爭的幹部，乃至台灣的調查局、警備總部、安全局人員，他們製造紅色恐怖、白色恐怖，難道他們沒有因果嗎？

有一個寓言故事說，有一惡人過河，因橋被水沖走，便將廟裡的木雕神像扛來做橋，墊腳而過。被一位善士所見，不禁直喊：「罪過！罪過！怎可如此褻瀆神像！」於是趕快把神像送回寺院，並且供以香花、水果。這時神像卻開口要求善士添油香，善士質問道：「惡人毀壞你，你不責怪他；我保護你，你怎可反而要我添油香呢？」

神像說：「因爲他是惡人，我何必惹他？因爲你是善人，我怎可不叫你做好事呢？」

所以，做好事的人，心裡要有準備，更要有正確的認識；因爲行善看起來是吃虧，但最後總是會得到好報的。例如「沙彌救蟻」而能延壽；「醫生救人」故而促成美滿姻緣。再如有人愛狗，故受「家犬報恩」；有人護蛇，也能得到回報。所以，做好事的人不要灰心，因爲天理昭彰，善惡好壞，因果必然是絲毫不爽的！

《人間福報》二〇〇〇年十二月一日

以退為進

讀書的人，希望每日進步；經商的人，希望日進斗金；有的人一遇到利益，總想得寸進尺。其實，做人處事應該要以退爲進！

有一首詩形容農夫插秧：「手把青秧插滿田，低頭便見水中天；身心清淨方爲道，退步原來是向前。」有的人爲了功名富貴，總是不顧一切的向前爭取。有的時候前面是險坑，跌下去會粉身碎骨；有的時候前面是一道牆，撞上去會鼻青臉腫。如果這時候懂得以退爲進，轉個彎、繞個路，世界還是一樣會有其他更寬廣的空間，這正是古人所云：「退一步想，海闊天空。」

所以，一個人在世界上要想做人處事，必需要能謙恭禮讓，一個人要想成功立業，必需要懂得以退爲進。引擎利用後退的力量，反而引發更大的動能；空氣越經壓縮，反而更具爆破的威力；軍人作戰，有時候要迂迴繞道，轉彎前進，才能勝利；很多時候，我們要想成就一件事情，必須低頭匍匐前進，才能成功。

語云：「回頭是岸」，就是以退爲進的意義。古來的先賢聖傑，從官場利祿之中退居後方，是爲了再待機緣；有些能人異士隱居山林，是爲了等待聖明仁君。有的人非常重視「韜光養晦」，有的人等待「應世機緣」；有德者、飽學之士都會懂得「進步哪有退步高」。

春秋時候，楚王的三子季札，因爲賢能，父王要傳位於他，而他謙讓說，上有長兄，應該由長兄繼位。長兄去世以後，因其賢能，國中大臣又再舉薦他為王，他說還有次兄；次兄去世以後，全國人民又一致推舉，希望他能出來領導全國。他說「父死子繼」，應該由故世先王之子繼任王位，故而仍然退而不就，所以後來在歷史上留下賢能之名。可見退讓不是沒有未來，退讓之後往往在另一方面更有所得。

三國時代，劉玄德知道太子劉禪無能，要諸葛孔明取而代之，但因諸葛亮謙讓，反而在歷史上留下忠臣之名。周公輔佐成王，雖是長輩，一直以臣下自居，所以能成周公的聖名美譽。此皆證明，退讓不是犧牲，所謂「失之東隅，收之桑榆」，有時以退為進，更能成功。

以退為進，是人生處世的最高哲理。人生追求的是圓滿自在，如果只知前進不懂後退的人生，它的世界只有一半；因此，懂得「以退為進」的哲理，可以將我們的人生提升到擁有全面的世界。「以退為進」，何樂而不為呢？

《人間福報》二〇〇〇年十二月二日

名與利

火車站前，公共汽車裡；甚至海上的行船，空中的飛機，每天人來人往。萬千的行人當中，當然有的人是爲了行善服務，也有人是爲了講學說教；利他爲人者固然有之，但是多數人都是爲了自己的「名利」二字。

名，不是不好；利，也不是不可。所謂名，應該要求善名、好名；所謂利，應該要求善利、淨利。如果「求名反辱」，或是爲利而造下惡緣，那就划不來了。

多年前，在佛光山曾爲了服務來山參訪的善信，不惜以高薪僱請一位老婆婆負責清掃廁所。然而老婆婆每遇有人如廁，都要向人收取新台幣二元；雖然常住一再表明，既已接受薪津，請他不要再向人收費。但是老婆婆說，不收取二元，坐著看守，實在太無聊了，她不願意再繼續工作。可見得有人好名，有人好利；名利可以慰藉寂寥，實在不無道理。

所謂名，三代之前惟恐好名，三代以後唯恐不好名。眞正好名者，忠孝節義、慈悲喜捨，皆爲善名；若能服務社會、貢獻人群，則必能更加爲人所歌頌。只是，世間上有的人只好虛名、只重假名，甚至不顧身後被人批評的惡名，這就絕非智者所當爲了。

所謂利，將本求利、與人共利、謀取衣食之利，都無可厚非；如果詐取非利，或者因利害義，導致身敗名裂，則就得不償失了！

世間上最寶貴的，不是金錢名利；比金錢名利更重要的，是健康、是歡喜、是滿足、是和諧；世界上最寶貴的東西，更不是個人的名與利。戰國名將樂毅說：「忠臣去國，不潔其名」；可見國家的名聲比個人的名譽重要。吾人應該把團體的名聲、家庭的名聲、父母師長的名聲、朋友同輩的名聲，都看得比自己重要；當別人都有名了，水漲船高，還怕自己沒有善名嗎？

所以，一個懂得生活的人，一定要像行雲流水一樣，任運逍遙，自由自在；不要因爲名韁利鎖而自我束縛、自我設限、自我封閉。一個人名利的欲望愈大，幸福的笑容愈少；一個人名利擁有愈多，生活的壓力愈重。有名利，要能與家人親友共享，要能對國家社會有益；有名利，要能造福人類，要讓名利不只是一時的，而能爲千秋萬世留下歷史，那才是眞正的名利啊！

《人間福報》二〇〇〇年十二月三日

坐說立行

「說道一丈，不如行道一尺！」

有的人平時高談闊論，滿腹經綸，說得頭頭是道；但是沒有躬自實踐，再多的言論、計劃，又有何用呢？

話說有二個人，想到普陀山朝山。甲因爲貧窮，說過以後，只有步行去朝山；富有的乙心想，反正有的是時間金錢，等到有空再乘飛機前往。半年後，步行者朝山已歸，富有者尚未成行。

因此，一個人想要達到目的，只說不做，永遠不能成辦；必須透過實際的行動，才能達成目標，所以「坐而說，不如起而行」。

在中國曾經流行幾句話說：中國人「只說不做」，德國人「邊說邊做」，美國人「做了不說」，落後的國家「不說不做」。難怪世界上各個國家有強有弱，從他們的民族性，從他們對言行的關係，就可看出端倪了。因爲「言行一致」的人，有言論也有力量實踐，則凡事何愁不辦呢！

古代的聖賢，早就注意到人間社會的強弱，是進步、是退步，早就有所指示了。佛陀鼓勵人要「行解並重」，王陽明鼓勵人要「知行合一」，孫中山說「知難行易」，但是大家都不懂得此中的奧妙，大家學會的只是「說而不做」，難怪中國積弱不振，可說其來有自。

有一個年輕人，每天都想著如何「一舉成名」，但是從來也不去好好的做事。有一天，遇到大發明家愛迪生，青年趕忙趨前請問愛迪生，如何才能揚名天下？愛迪生知道青年的毛病，不慌不忙的告訴他：「等你死後，你很快就會出名了。」

青年不解，問道：「爲什麼一定要等到死後才會出名呢？」

愛迪生誠懇的對他說：「因爲你一直想要擁有一座高樓，可是從未動手去建，高樓當然不會憑空出現在你眼前。而你如果一輩子都活在空想之中，等你死後，人們就會經常提到你的名字，用以告誡那些只會作白日夢，卻不肯動手去做事的人。如此一來，你不就能夠達成名揚天下的心願了嗎？」

「說食不能當飽，畫餅不能充飢！」吾人要想由貧而富，由弱而強，應該要「做說一致」。讓我們與其「坐說」，不如進而「立行」吧！

《人間福報》二〇〇〇年十二月四日

自制的力量

一個人的偉大與否，倒不是看他的錢財多少、名位高低，而是看他有沒有自制的力量。

君子與小人的分別是什麼？君子能自制，而小人不能自制；快樂與煩惱從哪裡來分別？快樂幸福的人生是由於能自制，煩惱痛苦的人生是由於不能自制。

佛教爲什麼要講布施？就是要我們對金錢物資要能自制，不要過分貪著；爲什麼要講持戒？是要我們在生活上能防非止惡，有自制的力量；爲什麼要我們忍辱？也是要我們在人事上能克制自己的瞋恚，養成柔和的性格。

世間上真正有力量的人，就是能自己要求自己，不管在榮華富貴、冤家仇敵之前，都能自制。能自制，生活才能快樂；能自制，人生才能高尚。人類雖然有追求欲望的本能，但是節制欲望也是人類的本能。如果你節制的力量小，不能自我克制，那麼你就是人間道德的失敗者；如果你要在道德人格中完成自己，你必須把自制的本能發揮出來。如果自己的力量不夠，則不妨如儒家所說：「君子十目所視，十手所指」，讓別人來幫助你自制。

自古聖賢君子，沒有一個不是「克己利人」的；佛教中的諸佛菩薩，也沒有一個不是從「克己利人」中修學圓滿的。

國家的法律不是用來定人罪刑的，而是要我們依法、守法來規範自己的行爲；佛教的戒律也不是要拘束我們的行爲，而是要我們的身心因戒律而獲得自由。有了法治和戒律的自制，面臨任何誘惑，吾人才有力量應付。

在聲色貨利的前面，我們要能自制；在權利名位的前面，我們要能自制。有自制、忍耐的力量，就不會受愛情美色的誘惑；有自制、忍耐的修養，就不會容易瞋恚、暴躁。

所謂「君子不欺暗室」，就是自制的功夫；所謂「佛子不作非法」，就是自制的功夫！玄奘大師「言無名利，行絕虛浮」，就是他在名利的前面能自制；鳩摩羅什要求弟子「但採淨蓮，莫取污泥」，即是他知道自我的自制。印光大師用「常慚愧僧」來自我自制；太虛大師的「比丘不是佛未成，但願稱我爲菩薩」，這是太虛大師的自制。

佛教裡的晚課「是日已過，命亦隨滅」，這是要我們對時間的自制；過堂用齋時「大眾聞磬聲，各正念」，這是對思想的自制。《佛遺教經》的「如蜂採蜜，但取其味，不損色香」，這是要我們對飲食的自制；《普賢警眾偈》的「當勤精進，如救頭然」，這是要我們對於懈怠的自制。古德的「衣不重裘，脅不著席」，這是對生活的自制；常不輕菩薩的「我不敢輕視汝等，汝等皆當作佛」，這是對別人人格的尊重，以防傷人的自制。

盤頭達多能自制自己不好強，甘願拜在弟子鳩摩羅什門下，故能留下「大小乘互為師」的美談；蔣介石抗戰前一直自制，不用武力回應日本軍閥的挑釁，藉時養息，最後終能抗戰勝利。

《三國演義》裡，張飛知道自己易怒的性格，在戰勝嚴顏時特地下座禮遇，終於感動嚴顏心悅誠服的投降；《水滸傳》中，黑旋風李逵因爲知道自己衝動的脾氣，所以一直自制，聽大哥宋江的指示，因此也能跟隨宋江出入各種的場合。

古今的名人在牆壁上懸掛對聯，或者在案桌邊書寫座右銘，都是爲了自我自制。我們要用忍耐來自制，我們要用智慧來自制，我們要用戒法來自制，我們要用修養來自制。

自制，就是自我克制，因爲自己的本性中，多少的暴發力，自己的心性裡，多少的貪瞋癡，所以要靠自制力。有了自制力，才能降服其心；有了自制力，才能回歸本性！

自制是要求自己性格上的節制；自制不是要求別人如何改變。禪門裡的「照顧自己」、「照顧腳下」、「觀照自心」、「看清念頭」，都是自制。

自制，說時容易，用時很難，所以一般人「講時似悟，對境生迷」；當境界忤逆不順的時候，什麼是義理人情，什麼是是非道理，一概都拋諸腦後，此即由於未能養成自制的功力也！

人，受苦受難的時候比較容易自制；人，受氣受惱的時候往往就難以自制了。自制，不是在平時閒居的心情；自制，是面臨侮辱、委屈、傷害的時候，能夠自我克制、自我化解。尤其處在今日聲色犬馬的社會，人我利害衝突之中，面臨一切橫逆的境界，我們更需要自制呀！

綜上觀之，自制對吾人的人格、道德之圓滿，其關係可以說不爲不重啊！

《人間福報》二〇〇〇年十二月五日

學習靈巧

人，有好多種，有的人很笨拙，有的人很靈巧。笨拙的人不容易受人欣賞，靈巧的人到處受人喜愛。

靈巧，有時候是與生俱來的；但是有時候靠後天的學習，也能轉笨拙為靈巧。靈巧，人人歡喜！即使是家庭裡的父母，也歡喜靈巧的兒女，不歡喜笨拙的兒女；就算是學校裡的老師，也歡喜靈巧的學生，不歡喜笨拙的學生。

人，當然不歡喜笨拙；人，當然希望自己變得靈巧。但是，靈巧不是靠別人能夠給予的，靈巧要靠自己用心學習，別人再怎麼愛護你，也沒有辦法把靈巧送給你。

如何學習靈巧呢？首先，當你接觸外境，遇到外緣的時候，要能「快速反應」；當你從事工作，接受任務時，必需要「勤勞主動」。遇有人際往來的活動時，你要「熱心參與」；你對別人說話，必須「簡潔扼要」，並在適當的時機展現「幽默機智」。處在團體人群之中，要能「風儀瀟灑」、「熱情洋溢」；對於社會公益，要「熱心參與」；遇到困難的時候，能夠「思想清明」；如果對長輩、上司有所諮詢，必須「答問機智」。

以上的這一切，可能別人都代替你不得，這都是一部分靠先天的「靈慧善巧」，一半也要靠你後天的努力學習。

有靈巧的人，有時候他「靈機一動」，就能「靈感泉湧」；他做事懂得「靈活運用」，他的思想「靈敏過人」，他的動作「靈通快速」，因此人家總要稱讚他「靈氣俊秀」。因為他靈巧，故能成就自己的一生。

反之，一個人如果故步自封，把自己侷限在框框裡，當然靈巧就會受到抑制，凡事就不能「靈通活用」；一個人凡事執著，不懂得「法無定法」，由於成見，當然就不能「靈慧善巧」。做人，要像虛空一樣；空，可以成方形，可以成圓形，可以成角形，變化無窮，但總不離本體，那才是靈巧。

一個人做事有原則、有主張，加以靈巧活用，當然很好；但是如果遇到困難，也要能如流水一樣，峰迴路轉，找尋出路。

有求道者問禪師：「什麼是靈巧？」禪師在倒茶的時候，一直讓茶水溢出杯外。求道者曰：「水滿出來了！」禪師說：「滿出來了，靈巧放在哪裡呢？」

所謂靈巧，要能爲人留一點餘地；所謂靈巧，要能爲人多一分設想。所謂靈巧，要能靈通變化；所謂靈巧，要能自由發揮。所謂靈巧，要有自信，才能主動；所謂靈巧，要能自主，才能隨意變化。

靈巧的人，一個問題來了，他一定會有第一、第二、第三、第四，甚至有更多的解決方案；靈巧的人，每走到一個地方，他一定會把東、西、南、北的空間、方位，都能了然於心。靈巧的人做事，他能關照到前、後、左、右，面面俱到；靈巧的人

處世，他的心中會有你、我、他、人，不會自私。

靈巧不是呆板，靈巧不是執著。靈巧的人會觀照全局，處事周全；靈巧的人能善解人意，爲人設想。凡事只想到自己的人，就是笨拙；凡是能處處體諒別人，就是靈巧。

靈巧是要能解決問題，不是增添麻煩；靈巧是要能化繁就簡，不是畫蛇添足；靈巧是要能成事，不能敗事。急智中肯是靈巧，幽默風趣是靈巧，化解問題是靈巧，讓人接受是靈巧。

禪，就是靈巧；空，就是靈巧；般若，就是靈巧；覺悟，就是靈巧。趙州禪師的「小便去」，就是靈巧；古靈禪師的「有佛不聖」，就是靈巧。《六祖壇經》的「不是風動，不是幡動，是仁者心動。」，《楞嚴經》的「論心不在內、不在外，不在中間」，那都是靈巧。

靈巧的人只會給人歡喜、給人利益、給人有所得；靈巧的人即使拒絕別人，也有代替的方法；靈巧的人即使責怪別人，也是溫言婉語。

靈巧不只是了解自己，還要能了解別人；靈巧不是只會處事，還要明理。能夠理事圓融，那才是眞正的靈巧。

靈巧，是生生不息，給人歡喜；靈巧，是心空無礙，任運逍遙。學習靈巧，沒有辦法求助於人，唯有打破自己的頑強固執，解除自我心中的框框。心中有我有人、有你有他、有事有物、有天有地、有是有非、有古有今，一切都能運用自如，都能隨心通達，這你就有靈巧了。

《人間福報》二〇〇〇年十二月六日

人生之喻

每一個人從呱呱墮地，到老死辭世，就是人的一生。

人生像什麼呢？有許多的譬喻，試列如下：

第一、人生如舞台：舞台上有各種角色：生旦淨丑、忠奸善惡，各種人物合力演盡了人生的悲歡離合；但是一旦舞台落幕了，一切都歸於空幻。

第二、人生如逆旅：人生就像旅館，吾人暫居世上數十年歲月，一旦離開旅館，所有一切都不是自己的東西。

第三、人生如夢幻：夢，有美夢、有惡夢；夢中上山下海，周遊列

國，但是到頭來都只是「黃粱一夢」。

第四、人生如浮萍：在水中的浮萍，正如人生在世，漂泊不定、聚散無常，毫無著力之處。

類似這種無常的譬喻，另有：人生如露珠、人生如閃電、人生如流星、人生如花朵。這是說明人生虛幻、空無、無常。這些譬喻似乎把人生說得一點意義也沒有，但事實上也不盡然，人生也有積極面的比喻，例如：

第一、人生像太陽：晨起，朝陽在人們的期盼中緩緩升起；黃昏後，又在人們的依戀中悄悄落下，但這並非意謂著沒有希望，因爲明晨太陽又會再度東升，又能溫暖人間、普照大地。

第二、人生如戰場：戰場上有輸有贏、有敗有勝；失敗故然令人沮喪，但當勝利的希望來臨時，人生的理念也會有實踐的時刻。

第三、人生如大海：大海波瀾壯闊，包容萬有；大海裡，船過不留痕，魚行不留聲。大海給人方便，給人包容；在大海裡，我們可以任運悠游。

第四、人生如流水：涓涓細流，穿山越嶺，給人滋潤；瀑布奔騰，也能爲人間寫下雄壯的畫面。

積極向上的人生譬喻，還有：人生如晴空、人生如詩畫、人生如謎語、人生如高山，這些都能為各種人生譜出有意義的篇章。

其實，真正的人生應該是像一盤棋！人可以不下棋，但不能不走人生的棋。人生的棋子走錯了，滿盤皆輸；人生的棋路順的話，就會成為贏家。

人，要想在「如棋」的人生中成為贏家，必須「理想高、眼光遠、心胸寬、腳步穩、無私無我」，如此才能看清全盤，才能無礙的走完人生的這一盤棋。

《人間福報》二〇〇〇年十二月七日

放光的意義

在佛教裡，不管你到哪裡講經說法，總有人跟你講：「謝謝你來放光，謝謝你來開示！」把「說法」比喻爲「放光」，這實在是非常的有意義！

在佛世時，佛陀每次講經之前，都必定要「放光」，這可以從華嚴等大乘經典中知道。甚至有些經典的名稱，乾脆就名爲《放光般若經》。

在《金剛經》裡，開頭的經文說：「爾時，世尊食時，著衣持鉢，入舍衛大城乞食，於其城中，次第乞已，還至本處。飯食訖，收衣鉢，洗足已，敷座而坐……」這一段經文都是說明佛陀在放光：「著衣持缽」，是手上放光；「入舍衛大城乞食」說明佛陀從路上經過，讓每個人都可以看到，這是眼中放光；「飯食訖」，這是口中放光；「洗足已」，這是腳上放光；「敷座而坐」，這是通身放光；甚至「爾時世尊」，這是說佛陀時時刻刻都在放著般若之光。可以說，佛陀的行住坐臥，都在放著眞理之光。

「放光」本來是一件很有意義的美事，但是幾年前台灣社會爲了有人「冒充放光」的事件，可以說很多人「談光色變」，認爲妄言放光，惡性重大。確實如此，若無慈悲道德、智慧般若，何能放光？

其實，避開放光的事件不談，吾人和佛陀一樣，每日也都不斷的在放光。例如：口說善良的語言、口說讚美的好話，這不是口中在放光嗎？觀看人世，以慈眼垂視眾生，以慧目觀照一切社會，這不就是眼睛在放光嗎？耳中注意聽聞佛法、聽聞歌頌佛德的梵唄，這不是耳朵在放光嗎？滿臉的笑容、滿面的慈祥，這不就是面容在放光嗎？心中的慈悲、菩提、道念，這不就是心中在放光嗎？身體的端正，行立坐臥的威儀安詳，這不就是通身在放光嗎？

人，如果到了無光可放，就如同「黑漆皮燈籠」，心燈不亮，那還算是個人嗎？所以，我們不要只是注意外面的陽光、電光、燈光、火光，更不要去在意邪魔外道的不正之暗光與假光，最重要的是，注意我們自己的「光」在哪裡？我們的眼、耳、鼻、舌、身都能放光嗎？尤其我們的「心」能夠「放光」嗎？如果能夠把我們心裡的燈光點亮起來，把每個人的眞如自性、般若眞理的心光點亮；心中能夠放光，這才是最重要的！

《人間福報》二〇〇〇年十二月八日

尊重專業

現代的社會，愈來愈懂得要「尊重專業」，例如行醫濟世的人，需要就讀醫學院；想要興校辦學的人，必須研究教育。此外，修理水電、修理馬達、修理冰箱、修理冷氣，甚至廚師的行業裡，不管中餐、西餐，各種餐飲業雖然分類很多，但都各有專業領域。

過去的社會，想要建一棟房子，只要找一個工人，他會從設計、繪圖、土木、泥水等工作，全部一手包辦。但是到了現在，不但建築業裡瓦有瓦工，磚有磚匠，木材、鋼筋、水泥等，各個環節都有專業人才職司工作；即使是從事藝術繪畫的人，花鳥風景、蟲魚動物、人體畫像等，也都各有專業的藝術家。

現在已經進入到一個「尊重專業」的社會了，一手包辦的職業已經慢慢被時代所淘汰；能夠「尊重專業」，社會建設才會更進步，社會發展才能更和諧。

話說有一個船夫，在激流中駕駛小船，船上坐著一位哲學家。哲學家問船夫：「你懂得歷史嗎？」

船夫回答說：「不懂。」

哲學家給予批評說：「那你已經失去一半的生命了！」

接著又問：「你研究過數學嗎？」

船夫回答：「沒有！」

哲學家又批評道：「那你就失去一半以上的生命了！」

話剛說完，一陣狂風巨浪把船打翻了，兩人落入水中，船夫對哲學家大叫：「你會游泳嗎？」

哲學家說：「不會！」

船夫無限同情的道：「那你現在就要失去整個生命了！」

俗云「行行皆通，行行稀鬆」；想想也是的，一個人的生命數十寒暑，哪裡能學得了世間上那麼多的專長、職業呢？所以，每個人只有就自己的興趣、需要，來加以「一門深入」了。因此，各行各業的領導人應該「尊重專業」，不要要求個個都是通才；也希望天下的父母，對於子女的要求，只要能有「一技之長」，就非常難能可貴了，不必執著過去陳舊的思想，所謂「又要馬兒好，又要馬兒不吃草」，對兒女要求「文武全才」，百般武藝樣樣精通，這實在是不能吻合現代社會的需要了。希望我們的社會，今後人人都能「尊重專業」，這才能迎向時代的潮流與趨勢。

《人間福報》二〇〇〇年十二月九日

以捨為得

「捨得」、「捨得」，以「捨」爲「得」！這其中的因、緣、果之關係，如果我們不能了然，就不容易明白「以捨爲得」的妙用。

在田地裡，沒有播種（捨），哪裡有收成（得）？對於親戚朋友，你不先跟他們往來，平時沒有送禮致意，怎麼能獲得他們的回禮相贈呢？

捨，看起來是給人，實際上是給自己：給人一句好話，你才能得到別人也回你一句讚美；給人一個笑容，你才能得到別人也對你「回眸一笑」！「捨」和「得」的關係，就如「因」和「果」；因果是相關的，捨與得也是互動的。能夠「捨」的人，一定是擁有富者的心胸；如果他的內心沒有感恩、結緣的性格，他怎麼肯「捨」給人，怎麼能讓人有所「得」呢？他的內心充滿歡喜，他才能把歡喜給你，他的內心蘊藏著無限的慈悲，他才能把慈悲給你。自己有財，才能捨財；自己有道，才能捨道。有的人心中只有貪瞋愚癡，他給人的當然也是貪瞋愚癡。所以我們勸人不要把煩惱、愁悶傳染給別人，因爲「捨」什麼，就會「得」什麼，這是必然的因果。

中國民間有一個故事，父親樂善好施，經常給人，卻反而家財萬貫；可惜他的兒女性情貪吝。等到父親去世之後，兒子掌權，千方百計的搜刮別人的財富，最後天災人禍，家遭不幸，反而一無所有。這父子二人，一給一受，其結果得失有如天壤之別，所以「以捨爲得」，誠信然也！

捨，在佛教裡就是布施的意思！布施，就如尼拘陀樹，種一收十、種十收百、種百可以結果千千萬萬。所以吾人在世間上，希望長命百歲、榮華富貴、眷屬和諧、名譽高尚、身體健康、聰明智慧，先要問：你有播下春時種嗎？否則秋天怎麼會有收成呢？

「捨」，要能以慈、以利，亦即要能給人善法，要能給人利益。《四十二章經》說：「仰天吐唾，唾不至天，還墮己面；逆風揚塵，塵不至彼，還坌己身。」施捨亦如送禮給人，如果我們所送的禮物不恰當，對方不肯接受，那就只有自己收回，所以我們應該要「己所不欲，勿施於人」。

我們喜歡冬陽，因爲冬陽給我們光熱；我們喜歡大樹，因爲大樹給我們蔭涼；我們喜歡兒女，因爲兒女給我們孝養；我們喜歡朋友，因爲朋友給我們幫助。如果太陽、大樹、兒女、朋友都不給我們利益，我們怎麼會歡喜他們呢？

如果情愛是束縛，你能捨去情愛，自然就會得到自在；如果驕慢是煩惱，你能捨去驕慢，不就能得到清涼了嗎？如果妄想是虛妄，你能捨去妄想，不就能得到眞實了嗎？如果罣礙是痛苦，你能捨去罣礙，不就能得到輕鬆了嗎？所以能捨什麼，就能得什麼，這是必然的道理。

走路時，不「捨」去後面的一步，便無法跨出向前的一步；作文時，不「捨」去冗長的贅語，便無法成爲精簡的短文；庭院裡的花草樹木，如果你「捨」不得剪去枯枝敗葉，它就無法長出青嫩的新芽；都市中，如果你「捨」不得破壞簡陋的違章建築，便無法建設市容整齊的現代大都會。

出家僧侶「出家無家處處家」，如果不能割愛「捨」親，怎麼能出家學道？怎麼能雲遊四海、弘法利生呢？古聖先賢「先天下之憂而憂，後天下之樂而樂」，如果不能「捨」己爲人，又怎麼能名垂千古、留芳青史呢？

佛陀「難行能行，難忍能忍」；因爲他能夠「割肉餵鷹，捨身飼虎」，所以才能成就佛道；雪山童子爲了一句偈語「諸行無常，是生滅法；生滅滅已，寂滅爲樂。」因爲他能捨身爲道，終能如願得道。

一個人，如果不能捨去陳舊的陋習，如何能更新、進步呢？學佛，就是要「捨迷入悟、捨小獲大、捨妄歸真、捨虛由實」。所謂「放下屠刀，立地成佛」；放下，就是「捨」，不捨，如何成佛？

總之，以捨爲得，妙用無窮。吾人要能學習「捨」的性格，金錢物質、知識技能，能將其捨給別人，你必然會得到金錢物質、知識技能。捨給別人好的，會得到好的；捨去性格上壞的，也會得到好的。當我們把煩惱、悲傷、無明、妄想都捨了，自然就會得到人生另外的一番新境界。

《人間福報》二〇〇〇年十二月十日

打好基礎

我國現代的社會，有一個不好的習性，就是不重視「基礎工程」。

建大樓，大樓的基礎不牢靠，所以大樓會倒塌；造橋樑，橋墩的根基不穩固，所以會斷橋；築馬路，馬路會下陷；做水溝，水溝會阻塞不通！因爲「基礎工程」別人看不到，只要暴露在外的表相能有所交代，就可以矇混過去了，這種敷衍的心態養成整個社會虛浮的風氣，凡事都不想認真的把基礎做好。

在學校裡讀書的人，只希望升級，他沒有想到要把學問的基礎打好；在社會上做事業的人，也沒有想要把基礎紮穩，例如基金、廠房、原料、銷售的客户等，基礎沒有做好，所以開業的人紛紛倒閉。青年男女他們談戀愛，也不重視愛情的基礎，都只是注重美麗的外表和動聽的語言，彼此只要「一見鍾情」，就可以決定終身，至於兩人之間的習慣、理念、信仰、品德的相投相契與否，就全然不顧了。因爲相交的基礎不深厚，所以婚姻經常亮起紅燈，感情就如同種在沙灘上的花朵，自然禁不起外境的風雨考驗了。

目前台灣的社會，不諱言的，前景令人擔憂，整個社會的結構都非常鬆散，除非要能「打好基礎」。例如，我們的民主，因爲沒有把民主政治的素養、民主政治的內涵、民主政治的自由倫理，讓全民了解、奉行，所以賄選、買票事件，以及辱罵、陷害不斷。這樣的民主政治，沒有紮實良好的基礎，怎麼會不失敗呢？經濟、股票、期貨、借貸，大家只想投機，貪污舞弊，混水摸魚，希望一夕就能成爲暴發户，不願意一板一眼的來經營、來發展，這樣的國家社會怎麼會不出問題呢？

台灣提倡環保，環保的基礎我們做了什麼呢？講環保也並非不能建設；但是建設也不能肆無忌憚的不顧環保。台灣提倡保護生態，我們對於生態保護的基礎，例如森林、山坡地、水源、河流、公共衛生的維護，以及野生動物的保護、社會建設的安全等，民衆都能知道此中的重要嗎？

尤其現在危險的是，國防的基礎、經濟的基礎、外交的基礎、移民的基礎，甚至公共道德的基礎、宗教正信的基礎，在在都沒有人關心，或者沒有讓全民知曉此中的利弊得失；根本不固，要想枝葉繁茂，豈可得乎！

《人間福報》二〇〇〇年十二月十一日

聞思修

別人說你好，你會很歡喜嗎？你可有想一想，他讚美得對不對？別人毀謗你，你就生氣嗎？你有沒有想一想，他的批評毀謗，合理不合理啊！

聽到別人講，或是自己想到了什麼事，你有沒有好好的思考一下再去實行？雖然人的思想反應要敏銳、迅速，但是過分的不經思考，也會有不當的時候。

有的人，一昧的固執自己的想法，不肯聽別人的善言；即使聽別人說話，也不經思考，所以結果就很難完美了。佛教對於人性的這個陋

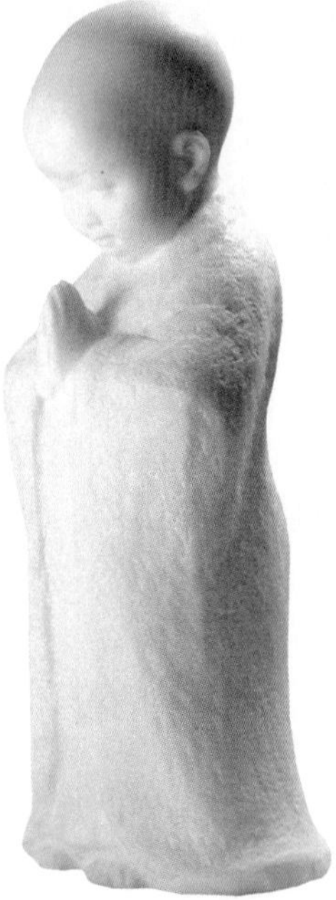

習，提出建言，所謂要以「聞思修」，才能進入「三摩地」。聞是聞所成慧，思是思所成慧，修是修所成慧；凡是經過聞思修的階段，才能到達目標。

儒家有謂：「學而不思則罔，思而不學則殆。」這也是說明聞思修的重要。

「聞」是聽聞，別人講話，你有諦聽嗎？你有全聽嗎？假如聽了偏頗的言辭，你會從另外的管道再兼聽嗎？

菩薩修二十五圓通，耳根圓通是一個重要的修行；佛法重在多聞熏習，聽聞比眼看還重要。太遠的東西看不到，很遠的聲音可以聽得到；過去的事情可以聽別人講，但是已經看不到原來的樣子；隔壁的人講話看不到，但是可以聽得到。

其實，學習聽聞要善聽，要會聽，所謂「隻掌之聲」；你能聽到「無聲之聲」，那就是聞所成慧了。

所謂「思所成慧」，就是要正思、善思、淨思、細思；凡事要「三思而後行」。世界上有財富的人，很可貴；但是有思想的人，不但可貴，而且更值得尊敬。

世間上的哲學家，解釋了多少宇宙的問題，都是靠他的思想；多少科學家發明了多少的科技文明，也都是經過思想、實驗所成；多少的文學家，文辭優美，思慮周全，也是思想的結果。我們如果能夠經常思惟、反省、內觀，就會思所成慧了。

所謂「修所成慧」；修，就是行持，就是實踐。修，有苦修、樂修、眞修、內修、共修、自修。衣服破了，要修補才能再穿；房子壞了，要修理才能居住；身心壞了，當然也要修補，才好使用。

萬里的路程，只要你起步，何患不能到達？千里的事業，只要你去實踐，何患不能成功？修行，能做好人；修心，能夠成佛。只要有修，必然有證，這就是修所成慧了。

所以，佛教鼓勵人要聽聞、要思惟、要修行；以聞思修，才能入三摩地！

《人間福報》二〇〇〇年十二月十二日

推果尋因

「因果」二字，人人會說；但是「因果」二字的意義，不見得人人能懂，甚至學者教授，也不容易明瞭。

因爲，凡人愚癡，只能認識「果」，不能認識「因」；正是所謂「菩薩畏因，衆生畏果」。

人，在製造種種惡「因」的時候，不知道嚴重；一旦「果」報來臨了，才知道大事不妙，卻是悔之晚矣！

一般人在遭遇失敗的時候，怨天尤人，恨你恨他；他不知道「以果推因」，必定是「因」地不正，才會遭致如此結「果」。例如，甲乙二人吵架，乙說：「甲罵我、打我。」我們一聽，會認為打人、罵人的這個結「果」非常惡劣。如果就此處分，不去「推因究底」，可能就是愚癡。因為事實上，甲為什麼要打乙、罵乙，可能是乙「因為」花天酒地、殺人放火，其「結果」甲打乙、罵乙，這不是很正常嗎？

社會上一般人看事，往往只知其一，不知其二。例如，有的人責怪父母不慈的「結果」，但卻不知道父母不慈是緣於兒女頑劣的「原因」；有的人責怪兒女不孝的「結果」，但就不知道「因為」父母失德，才會造成兒女的不孝。所以，凡事不去「推果尋因」，又何能知道事實的真相，又何能還給事實一個公平、公道呢？

更有一些不明因果者，經常誤解因果，例如素食誦經、慈悲行善的人，為什麼遭遇不幸？公正的「因果」何在呢？殊不知你在銀行裡的欠債未還，不能因爲你是好人，你行好事，你就可以不必償還債務！

相同的，你作惡多端，殺盜淫妄，可是卻享盡榮華富貴，因果何在呢？其實，他在銀行裡擁有存款，你不能因爲他作惡，你就不准他使用當初的存款。所以，「因果」者，有過去、現在、未來，三世循環的關係。

當我們看到植物開花結果時，就想到必然有人播種造因；當我們看到有人慈悲爲善，就想到將來必然會有美好的結果。

所以，愚癡的人對因果只是會說不會解；眞正因果的內涵，實乃宇宙世間善惡好壞的定律啊！

《人間福報》二〇〇〇年十二月十三日

表情的重要

人，是一個有表情的動物。人，有喜怒哀樂，因爲有表情，別人就能知道你的心裡在想什麼。有時候即使不表現出喜怒哀樂，他也會有動作、有語言，一樣可以表達出心裡的想法。

有些人沒有動作，也沒有語言，更是面無表情。你說他是死人嗎？可是他又有生命；說他是活人嗎？又無表情。所謂「講話不開口，神仙難下手。」對於沒有表情、沒有聲音、沒有動作的人，有人形容爲「活僵屍」、「活死人」；他的人生，槁木死灰，一點生氣也沒有，不但自己可惜，連天地萬物都在爲這種人惋惜呢！

在馬戲團裡的小丑，演盡各種滑稽的動作，目的是爲了博取別人的一笑；你沒有表情、沒有語言、沒有動作，難道你連個小丑都不如嗎？甚至幼小的兒童，他也懂得做個可愛的動作，扮個逗趣的鬼臉，以贏得大人的一點歡喜；難道你連幼兒都不如嗎？你的顧忌太多，死板板的面孔，好像別人欠了你多少債務；所謂要別人用他的熱面孔去貼你的冷屁股，你不覺得太殘忍了嗎？

現在這個時代，是個有聲音的世界，講話要大聲；這個時代是個有彩色的世界，臉上要有笑容，笑容就是彩色；這個時代是個有動作的世界，你要有動作，才表示你是一個活著的人。

在《阿含經》裡說到有五種「非人」：一、應該慈悲的時候他不慈悲；二、應該歡喜的時候他不歡喜；三、應該說話的時候他不說話；四、應該感動的時候他不感動；五、應該活躍的時候他不活躍。過去佛陀也經常對這種「非人」感到無可奈何！

我們平時見到一隻小貓，牠也會對我們咪咪叫，我們見到一隻小狗，牠也會對著我們搖搖尾巴。根據科學家研究，只要有生機的花草樹木，如果你經常對它愛語讚美，它也會活得更茂盛，開得更美

麗，它會展現美麗的風姿來回報你；生而為人的我們，怎麼能沒有表情呢？

一個人有表情是非常重要的，佛陀的表情經常都是顯露慈悲的樣子；菩薩的表情是非常的熱情；羅漢也有表情，他的表情是非常的有智慧；甚至連苦行僧也有表情，他的表情就是發心。

胡適之博士教人寫文章，他說：好的文章就是「表情達意」；表情表得好，達意達得好，就是佳作。

沒有表情的人兒啊！為了你自己的前途，也為了帶給你身旁的人一點歡喜，請你稍露一點表情，多講幾句好話，經常做一些動作，可以嗎？

《人間福報》二〇〇〇年十二月十四日

轉彎與直行

人生的道路，有時候要直行才能到達目標，有時候要轉彎才能達到目的。遇到轉彎的時候你不轉彎，這是不懂得「回頭是岸」；應該直行的時候你不直行，這是「錯失良機」。

我們在道路上行走，即使是彎，應該向左彎、向右彎，也不能彎錯；即使是直行，也要知道遠近快慢，才能安全行進。遺憾的是，人生的道上，在應該直行的時候，有的人偏偏轉彎，在應該轉彎的時候，他卻一逕直行，因此增加了人生的許多困難，良可惜也！

楚漢之爭時，西楚霸王項羽，因爲直行的個性，不知轉彎，導致兵

敗身亡；春秋五霸之一的宋襄公，兩軍對陣時，應該直行他卻遲遲不肯發兵，致使功敗垂成。宋朝抗金名將岳飛，本來可以直搗黃龍，但是他因爲秦檜阻撓而猶豫不前，終不免殺身之禍。

文成公主下嫁西藏和番，一路直行，終於建立西藏的政治宗教；鑑眞大師七次出航日本，屢遭挫折仍然一路直行，終於成爲日本的「文化之父」。唐三藏印度取經，一路直行，終於成功；釋迦牟尼佛一心想要成佛，終於達到目的。

孔子本來無意作官，但他知道政治的力量有助於推動學術、教育，故而作了魯國的司寇，可見他是個懂得轉彎的人；屈原委身侍君，但他個性正直，不肯在政治上妥協，只有投身汨羅江，抱憾而亡。

近代的蔣介石一路直行，抗戰到底；汪精衛應該一路直行，但他中途變節，想要彎靠日本，故而失敗。

東西德、南北韓，經過幾十年的對立，終於懂得轉彎，知道彼此要來往，所以和平統一也就現出了曙光；海峽兩岸一直執著，不知道轉彎，只有任由兩岸不斷的隔岸放話。

在戰場上，有時候要勇敢向前衝鋒，有時也要採取迂迴戰術；開山闢路，想要達到峰頂，必得有九彎十八拐，不經迂迴，不能直上。所以現在的南北高速公路以直取勝，南橫和東西路段則以彎路有名。

所謂「方便有多門，歸元無二路」；在人生的路上，只要能達到目的，何必非要執著一條路不可呢？此路已經不通，何不繞行他道呢？就如現在海峽兩岸希望直航，在實施之前，必須彎到第三國；直航很好，不能的話，彎到第三國也能成功呀！

所以，做人不一定要針鋒相對；不讓一步，不一定就能勝利，能夠見風轉舵、峰迴路轉，人生的前途才能通達無礙，暢行無阻。

《人間福報》二〇〇〇年十二月十五日

觀自在的意義

「人人都有觀自在，何必他方遠處求？」

「觀自在」是觀世音菩薩的另外一個名號，意思是說，只要你能觀照自己，你能認識自己，你就可以自在了！

例如，你觀照他人，能夠「人我不二」，你怎麼會不自在呢？你觀照境界，不要「心隨境轉」而能「心能轉境」，你怎麼會不自在呢？你能觀事，事情千般萬種，我只求簡單，如此怎麼會不自在呢？我觀道理，道理玄妙莫測，我只以平常心論道，又怎麼會不自在呢？我能觀心，心意千變萬化，我只以平常心對之，我又有何不自在的呢？

自在，自在！自在處處求，原來只要我心自在，一切自然就都能自在了！

人生在世，如果有錢而活得不自在，也沒有什麼樂趣可言。偏偏人在世間上，「有」就是有罣礙，就是有煩惱，因此有許多人有金錢「有」得不自在；有家庭「有」得不自在；有愛情「有」得不自在；有名位「有」得不自在。因爲「有」，所以不自在。

有權利的政治人物，當遇到棘手的問題時，他搔首弄腮，一副不自在的樣子；有錢財的企業家，當金錢周轉不靈時，萬般苦思，一副不自在的樣子。

一個人如果能夠擁有世間的財富名位，而又能夠自在，當然最好；如果不能，與其「擁有」而不自在，何必擁有那麼多呢？人生世間，所圖的不就是一個幸福解脫、快樂自在嗎？

你看，兒童從小受父母管束，他就覺得不自在；婦女嫁人，受公婆要求，她也覺得非常不自在；服務社會，各種職業，感到不勝任、不能稱心，就不能自在了。

所以，人生的意義，能在「自在」中生活，最爲成功。

你在人我是非之前能自在嗎？你在功名富貴之前能自在嗎？

你在生老病死之前能自在嗎？你在因緣果報之中能自在嗎？

你如果活得不自在，再多的事業，再多的財富，也只是增加負擔，增加束縛而已呀！如果能在稱、譏、毀、譽、利、衰、苦、樂的「八風」境界裡，都能不爲所動，自然就能自在解脫了，那個時候，你不就是「觀自在」了嗎！

《人間福報》二〇〇〇年十二月十六日

正與邪

傳說，黔婁去世的時候，因為家貧，找不到一條布可以從頭到腳完全覆蓋起來；於是有人建議，把布斜過來，不就可以遮蓋全身了嗎？黔婁的妻子說：「不行，寧可正而不足，不可斜而有餘！」

斜，就是不正；不正，就是邪。所以，一個人的人生觀，是正是邪，關係重大。

在佛教裡講到「八正道」，教人要奉行八種正法，就是：

第一、正見：即正確的見解與觀念。正見是修行的導師，如行路需要眼目，航海需要羅盤一樣。正見又像一部照相機，拍照時必須調好光圈、距離，畫面才能清晰美麗而不會走樣。

第二、正思：正思就是不貪欲、不瞋恚、不愚癡，遠離邪妄貪欲，作眞理智慧的思量分別。

第三、正語：即遠離一切不愼之語、誹謗之語、傲慢之語、辱罵之語、刻薄之語、花言巧語和虛妄不實之語。

第四、正業：指正當的行爲；亦即行爲舉止正當，身、口、意三業清淨，遠離殺生、偷盜、邪淫等一切邪妄。

第五、正命：即正當的經濟生活和謀生的正當方式。

第六、正勤：正勤就是正精進。精是不雜，進是不退；亦即朝眞理的目標勇猛邁進。

第七、正念：就是清淨的意念，即不生邪念，憶持正法。

第八、正定：即以正確的禪定集中意志和精神，使散亂的身心住心一境。

「八正道」是人間生活中，人人皆應遵守的道德準則；如果不能奉行「正」道，就會走入「邪」道，這是多麼危險啊！

有位沙彌夜歸過晚，不得入城，便在城外樹下打坐，等待天明。夜深時，來了一個惡鬼，面孔猙獰，要吃沙彌。

沙彌說：「我和你無冤無仇，我們相隔很遠，你爲什麼要吃我！」

惡鬼問「你和我爲什麼相隔很

遠？」

沙彌說：「你吃了我，我是修道的人，會往生西方極樂世界去；你吃了我，你的惡行惡心，一定會墮入地獄，這不就相隔很遠了嗎？」

惡鬼聞言大悟，知道邪不能勝正，慚愧而去。

法，有正邪之法；人，有正邪之人；事，有正邪之事，吾人豈可正邪不分呢？所以，人生不能沒有信仰；有信仰就會懂得「正邪之別」，這是非常重要的。

《人間福報》二〇〇〇年十二月十七日

生死泰然

死亡是歷來人們忌諱談論的問題，但是時代的進步，「生死學」已經成爲熱門的話題。其實，人間最大的問題，一是「生」的問題，二是「死」的問題。

生要居處，死要去處；有的人爲生辛苦，有的人爲死掛念。佛學就是生死學，例如觀世音菩薩「救苦救難」，就是解決你生的問題；阿彌陀佛「接引往生」，就是解決你死的問題。只是因爲人有「隔陰之迷」，換了一個身體就不知道前生後世，因此自古以來對生死茫然無知，成爲天下最難解決的問題。

其實，人之生也，必定會死；人之死後，還會再生。生生死死，死死生生，如環形的鐘錶，如圓形的器皿，沒有開始，也沒有結束。生死只是一個循環而已，如種瓜得瓜，種豆得豆；種也不是開始，收也不是結束；開始中有結束，結束中有開始。

在佛門裡，有許多的大德高僧，他們對於死亡的看法，認為生要歡歡喜喜而來，死也要歡歡喜喜而去；因為來來去去、生生死死，無有休止啊！

從歷史上看一些禪者，有的田園荷鋤而亡，有的自我祭拜而終；有的吹簫奏笛，泛舟而逝；有的東門西門，向親友告假而去。所謂「來為眾生來，去為眾生去」，來來去去，根本就不用掛懷。正如衣服破舊了，要換一套新衣；房屋損壞了，要換一間新屋；連老舊的汽車都要淘汰更

新，何況人的身體老邁了，怎能不重換一個身體呢？

法國文藝復興時代的代表人物拉伯雷（Fransois Rabelais）說：「笑劇已經演完，是該謝幕的時候了！」他對於死亡表現得瀟灑自在，毫無依戀；哲人盧騷（Jean-Jacques Rousseau）臨終時安慰夫人：「可別傷心，你看，那邊明亮的天空，就是我的去處！」真是自在人生的示範。

死亡不足畏懼，只是死亡以後就像移民一樣，你到了另外的國家，你有生存的資本嗎？只要你有功德法財，你換一個國土，又何必害怕不能生活呢？

現在社會上有「安樂死」的說法，其實「安樂死」比「痛苦生」還要好很多！快樂人生當然畏懼死後痛苦，如果「生死一如」，又何必「貪生怕死」呢？

佛教淨土宗稱死亡為「往生」，既是往生，就如同出外旅遊，或是搬家喬遷，如此死亡不也是可喜的事嗎？所以，死亡只是一個階段的轉換，是一個生命托付另一個身體的開始。因此，死亡不足懼，面對死亡，要順其自然，要處之泰然！

《人間福報》二〇〇〇年十二月十八日

欲樂與法樂

世間上的人，種種的營求，都是爲了追求快樂。快樂處處求，大致分爲兩種，一種是欲樂，一種是法樂。

所謂欲樂，一般說，世間上有「五欲」——財、色、名、食、睡。

財——財富人人都想擁有；擁有財富固然可以爲人帶來快樂，但是「人爲財死」。因此，有錢有財有時也會帶來許多的災禍，財富有時也會造成許多的不幸。

色——男女情愛固然可愛，但是「愛河千尺浪，苦海萬重波」；愛得不當，往往增加許多無謂的煩惱，造成「欲海狂瀾」，不可自拔。

名——善名美譽，人人喜愛；可是「譽之所至，謗亦隨之」，爬得高，跌得也重。甚至「盛名之累」，有時候也會帶來許多的不幸啊！

食——千奇百味的飲食，固然飽人口腹；但是多吃，腸胃消受不了。所謂「病由口入」，何況很多的罪業，有時候也是由吃所產生的。

睡——睡，本來也是一種享受，但是睡多了，成爲懶散，被人譏爲「好吃懶做」，自己的前途也難以有很好的開展。

所以，世間的五欲之樂，只能說是一半樂，一半苦，苦樂參半。因爲，「欲樂」有染污性、有短暫性、有不確定性，所以一個人種種的辛苦，種種的勤勞所追求到的欲樂，原來裡面也有危害健康的毒汁。

自古以來，聖賢都是教誡大家不可以縱欲。佛陀雖然不是完全教誡世人要禁欲，但是，欲需要疏導，欲海波瀾，需要導之以正，所以要追求「善法欲」。

「善法欲」就是能帶給人「法樂」，所以法樂就是精神上的快樂、眞理上的快樂。例如行仁行義，就會爲自己帶來快樂；又如正知、正見、正念，也會給人帶來法喜；甚至讀書明理、聽經聞法，都會帶來法樂。禪坐裡面的輕鬆自在、安祥和諧，自是一般的欲樂所不能比；蒲團上的虔敬謙虛，與聖賢接心、交流，其安樂更非世間的欲樂所能比擬。喜捨結緣，更能在大眾裡得到許多的法樂。

所謂「欲樂不可縱，法樂不可無」；聰明的人兒，在快樂之門裡進出，你要哪一種快樂呢？

《人間福報》二〇〇〇年十二月十九日

發心的禮讚

人有道德，我們要禮讚他；人有學問，我們要禮讚他；人有能力，我們要禮讚他。其實，人能發心，我們更要禮讚他。

古人一直叫人立志，行者一直要人發願；立志、發願，就是發心。心一發，則志可立；心一發，則願可成。

發心的力量眞是微妙。你發心吃飯，飯菜不但可以吃飽，而且味道更加美妙；你發心睡覺，覺會睡得更加甜蜜、更加安然。只要一發心，所做的事情，品質就都不一樣了；正是所謂「平常一樣窗前月，才有梅花便不同」。

地下骯髒，我發心掃地；廚房紛亂，我發心整理。發心幫你把工作完成，發心助你一臂之力。發心是一本萬利的投資，心就好像一畝田，就像一塊地。你開發山坡地，山坡地的價值就不一樣了；你開發海埔新生地，海埔新生地的價值也非常可觀。

你在你的心田上開發新的品種，開發農耕的新方法，你田畝的價值就不一樣，你福田裡的收成就不同凡響。

人，大多心外求法，大都不知道自家裡有無限的寶藏；心地、心田開發以後，也是價值無限喔！

你讀書留學，要發心；你投資創業，也要發心。你交朋友，不貪取朋友的幫助，可以發心給他的資源，表示你比他有辦法；親屬家人，你不希望他給你多少的賞賜，但發心給他的支持，表示你比他富有。

發心的人，表示富有；貪心的人，表示貧窮。

喜捨，我要發心喜捨；守法，我要發心守法；

忍耐，我要發心忍耐；勤勞，我要發心勤勞；

修養，我要發心修養；知識、智慧，我要發心去追求。

在佛教裡，鼓勵人要發慈悲心、要發菩提心、要發增上心。省庵大師的〈勸發菩提心文〉說：「嘗聞入道要門，發心爲首；修行急務，立願居先。心發，則佛道堪成；願立，則眾生可度。」

只要發心，何事不辦？心，是我們的寶藏，我們的心裡有無限的能源，爲什麼不來開發我們心裡的能源和寶藏呢？

《人間福報》二〇〇〇年十二月二十日

晚食與安步

在《古文觀止》裡，有一篇文章〈顏斶說齊王〉，文中，齊宣王要顏斶做官，給他種種的優待。顏斶說：「不必！我願晚食以當肉，安步以當車，無罪以當貴，清淨貞正以自虞。」

現在社會上想要當官的人，不知他們懂得「晚食當肉，安步當車」否？誠如顏斶說：「玉是出在深山裡，作成玉器並不是不好，只是已經失去了璞石的本來風貌；士生長在鄉野，推選他出來作官也不是不尊貴，只是讀書人的形象和精神就不完美了！」這大概正是陶淵明不肯爲五斗米折腰，李密不肯接召爲官的原故吧！

人心非古！古人重道德、重仁義、重信譽；然而也不是說不重榮華富貴，只是對於比榮華富貴更重要的東西不能不顧。今人利益當前，不管什麼名節，什麼情義，全都拋諸腦後。晉文公燒山以尋介之推，介之推寧死也不肯出來作官；王參元家遭火災，韓愈爲他祝賀，以爲這下他可以出來做官了，而他雖然無家可歸，卻視功名如敝屣。

禪門裡，道楷大師「三詔不赴，七請不出」，後來皇帝生氣了，降旨說，再不上京覆旨，就要取他的首級。當差的官員好心勸他佯裝有病，他說：「我沒有病。」官員說：「你只要聲稱有病，我就可以回京覆

命，這就沒有事了。」大師說：「我本來就沒有病，怎麼可以裝病欺君呢？」古人對名節就是這麼的認真。

人，有所爲，有所不爲。善舉好事，雖赴湯蹈火，亦可爲也；貪贓枉法，雖萬斛千鍾，不可爲也。

人生的顯微，應該要有標準。雖是小人物，販夫走卒，但他正派有爲，自食其力，甚至還有助於人，帝王將相不如也；雖是帝王將相，但作威作福，暴虐無道，名萬乘之君，實市井小人也。

今日社會，希望政治人物、企業家，甚至學術界，都能夠多出幾位如同顏斶這樣「人格高尚、氣節凜然」的有道之士；如果大家都能「晚食當肉，安步當車」，則何愁社會風氣不正乎？

《人間福報》二○○○年十二月二十一日

禍兮福兮

人之一生，所有遭遇，有的時候是福，有的時候是禍。總之，人生不是福，就是禍；不是禍，便是福。

所謂「是福不是禍，是禍躲不過」，每一個人莫不希望「求福遠禍」。但是，禍福都有緣由，所謂「禍福有因，自作自受」；一切禍福，都是我人造作後的「自食其果」。所以，有的人「福至心靈」，有的人「禍從口出」；有的人「因禍得福」，有的人「禍起蕭牆」；有的人「福星高照」，有的人「飛來橫禍」。

吾人都希望「趨吉避凶、求福遠禍」；然而世事多變，一切都不能盡如人意。所謂「禍不單行，福無雙至」，當禍福已經成形，等於火勢蔓延，不易撲滅。所以吾人平時應該要注意所行所爲，要培養福德因緣，如此自能消災免禍。

當一個人在遇到財物損失、家人不幸、自身災難時，不要完全怨天尤人，因爲這都有其必然的「前因後果」。所謂「禍福都是因果的寫照，因果都是禍福的定律」；每個人對禍福的看法，都應該知道「禍福無門，唯人自招」。吾人的「是福是禍」，就如「煩惱與菩提」，往往糾纏不清。例如，有時候本來是「福德因緣」，由於心念不正，所以「福報變禍兆」；有的時候是禍事，由於用心純正，所以禍患反而成了福報。

《淮南子》一書有謂「塞翁失馬，焉知非福」。此說一位老翁，失去一匹馬，心中非常懊惱。但不日後，失去的老馬反而帶回一匹駿馬，老翁因失馬而得馬，心中非常高興。但不久其子因爲不諳馬性，騎馬被摔，負傷在床，因此他又覺得得馬是禍。可是當時正逢戰爭，國家徵召壯丁赴沙場，其子因傷，得免入伍，終而保得一命。所以說「塞翁失馬，焉知非福」。

語云：「禍兮福所依，福兮禍所依」；人在得意的時候，往往已埋下了「驕恣必敗」的種子，有時候遭逢逆境，只要心存慈悲、正直，禍患反而變爲成功的「逆增上緣」。

老子說：「禍莫大於不知足」；佛法說：「禍莫大於有『三毒』」。三毒就是貪、瞋、癡。《菜根譚》也說：「福莫福於少事，禍莫禍於多心。」假如吾人想要避禍求福，應該自我修身養性，例如「閉門思過」、「躬自反省」、「多結善緣」、「少有貪念」、「增長慈心」、「去除恚恨」等。所謂正知正見，無有自私邪執，如此，管它「禍兮福兮」，必然能夠得福而遠禍矣！

《人間福報》二〇〇〇年十二月二十二日

擁有與享有

「良田萬頃，日食幾何？大廈千間，睡眠幾尺？」你有想過嗎？這一生當中，你究竟「擁有」多少？又「享有」多少呢？

在時間上，即使你「擁有」人生百歲，但是你可曾「享有」幾時的清閒？誠如西班牙國王拉曼三世（Abderram n III）在位五十年，卸任時無限感慨的說：「我這一生，眞正屬於自己幸福清閒的日子，只有十四天！」在空間上，你「擁有」華屋美廈千萬間，但是你可曾「享有」多少個清酣無夢的睡眠？在人間裡，你「擁有」家人，家人是你的嗎？你「擁有」許多事業，那些事業都能靠得住嗎？

世間上，你所「擁有」的，不一定都能爲你所「享有」；不是你所「擁有」的，也並不代表你就不能「享有」它！

我，高樓大廈一間也沒有，但是，你大廈的騎樓下，我可以暫時躲避風雨啊！你花園裡的花草樹木，我在遠處看它一眼，欣賞它一下，總可以吧！

儘管你「擁有」一個鄉鎮、一個縣市、一個都市；但是我可以「享受」清風明月，我也可以看日月星辰。我可以周遊世界，我可以關心地球，我可以把所有的人類都看成是我的兄弟姊妹；我「享有」宇宙虛空，比你「擁有」一家、一鄉、一市，還要更大、更多、更廣。

你是大富翁，你有億萬家財，你去建電影院、建圖書館、建公園；我是市井小民，我是薪水階級，但是我可以看電影、看書，可以到公園去散步。我不要「占有」，也不要「擁有」，但我可以有無邊的「享有」。

你「擁有」多少，我不嫉妒你、不破壞你，反而讚美你、幫助你、祝福你，讓你也能「享受」我的好心、好意、好的祝福呀！

高速公路不是我的，但我可以開車馳騁其上；飛機天空也不是我的，但我可以花少許的錢，也能翱翔在天空裡呀！

想一想，我本來只是孤獨一個人，孑然一身的來到這個世間，忽然之間，我擁有了父母、兄弟姊妹、老師、朋友、國家社會，甚至宇宙虛空，大地山河。我不但「擁有」這許多，更「享有」他們所給我的方便；我享受了世間給我的這麼多好因好緣，因此，我怎麼能不感謝、祝福那許多「擁有」的人呢？

《人間福報》二〇〇〇年十二月二十三日

輕聲慢步

走遍世界各地，不管旅遊也好，公務洽商也好，你會發現，華人有一個最大的特點，就是講話聲音很大。

坐在飛機上、火車裡，如果你聽到某一個區域的聲音特別大，你不必去分辨，那一定是華人；你在哪一個觀光區欣賞風景，一直有很大的聲音傳來，你也不必回頭觀望，那一定是一群華人；你在走路，聽到路的那一頭有高分貝的聲音傳來，你會知道，馬上就可以看到很多華人出現。華人，爲什麼會有這麼一個特長呢？講話一定非要這麼大聲不可嗎？

我們在日本坐火車，火車裡的日本人，都是靜靜地看書、閱報，只有華人在講話、談笑。

我們坐飛機，在飛機上，看到美國人都是靜靜地閉目養神，即使講話，也都是彼此輕聲慢語的交談；只有華人總是旁若無人的高談闊論，牽朋帶友的大聲吆喝。

在新加坡，他們的政府規定，餐飲時不可以大聲喧嘩，因此即使數千人的宴會裡，也是一片寧靜祥和。新加坡也是華人呀，爲什麼新加坡做得到，在中國的其他地方就做不到呢？

有時候華人的聚會，既然講話聲音很大，就不必用麥克風了。可是經常可見十人、二十人的集會，不但用麥克風，而且麥克風的聲量都要調得非常大。如果全世界舉辦音量比賽，必定是華人冠軍。

君不見，中國人的遊覽區，我們的遊客不都是背著一台錄音機；連在山水勝地走路，都不懂得享受寧靜的妙趣，一直都要靠聲音來麻醉自己。聲音之可怕，不但是鼓動耳目，而是摧殘我們寧靜的心靈啊！

中國人在其他做事方面並太講究效率，但是在走路方面，喜歡抄近路，喜歡快跑，也成爲一個特性。我們看到，摩登的小姐腳穿高跟鞋，不也照樣在公共場所裡連奔帶跑嗎？甚至宗教界的人士，身穿法服，不也是爲了趕公車、趕火車而狂奔飛跑嗎？

輕聲慢步，這是代表一個國家的文化，代表一國人民的教養。我國炎黃子孫，經常以擁有五千年的文化而自豪，但是，在生活中，小如「輕聲慢步」這麼簡單的禮儀，我們都能做到嗎？所以，今後希望國人都能用心的生活，讓我們從生活禮儀中，來展現泱泱大國民的風範吧！

《人間福報》二〇〇〇年十二月二十四日

要發現問題

世間上的人，什麼是聰明的人？什麼是愚笨的人呢？聰明的人會發現問題；愚癡的人不知道問題在哪裡？

兒童在幼小的時候，向父母、老師提出的問題，雖然幼稚，但是也可以見出他的智慧。有時候兒童問的問題也不容易回答，例如：「媽媽，風是從哪裡來的呢？」「媽媽，爲什麼人要吃飯？」「媽媽，隔壁的寶寶你怎麼不愛他呢？」兒童雖然有問題，可是有很多的大人、老人，他不知道問題，也不會問問題，懵懵懂懂日復一日地過日子。

有的人，看到樹上開花結果，他就研究，這是什麼原因呢？甚至地動山搖，他也探討，這是什麼原由呢？打雷閃電，他思索是什麼道理？刮風下雨，他好奇是什麼緣故？如果是愚民，他會把這一切都歸於神話，找不出眞正的原因。

人家罵我，批評我，好壞都有原因；我求職碰壁，懷才不遇，到處艱難，這必然也有原因！你找不出原因，就如品種不能改良，自然不會有好的結果！

父母子女，甚至家族有了不和的徵兆，你能知道問題出在哪裡？你能找出原因嗎？否則怎能改善關係呢？社會上，人與人之間、部屬與長官、消費者與製造商、勞工與資方之間，發生利益的糾紛，你能查出問題出在哪裡嗎？否則問題就會一直層出不窮。

國際之間，大國與小國的種族和宗教的紛爭，問題出在哪裡呢？你找不到問題的癥結，或是執著自己的一邊，不懂得論「公是公非」，不去面對問題，怎麼能有太平盛世呢？

我們的身體，大家最愛護，一旦有了毛病，就要找醫師檢查，甚至有時恐怕人力「力有未逮」，所以還要藉助多少的儀器、數據，給身體作為醫療的依據。

其實，世間上的大部分問題，都是「人為」的因素，所以要解決人間的各種問題，唯有靠人類的自我覺醒。自私無人，是不能解決問題的；執著無明，是不能解決問題的；偏見無理，是不能解決問題的；凡事只知其一不知其二，更是不能解決問題。我們要發現問題，必須懂得自他平等、彼此一如，甚至能夠為你設想、給你歡喜；能夠如此，世界上還有什麼問題不能解決的呢！

《人間福報》二〇〇〇年十二月二十五日

微塵與世界

在常人的認知裡，大的不是小，小的不是大；有的不是無，無的不是有。但是，在《華嚴經》裡，說明時間、空間、物品的「大小」、「有無」時說，小的不是小，大的不是大；剎那不是短，劫波不是長；一個不是少，萬億不是多。

正如《般若心經》說，真理的世界，講到數量，都是「不增不減」；講到物體，都是「不生不滅」；講到質量，都是「不垢不淨」。這並非佛法籠而統之，模糊人的觀念，實在講，是有至理在焉！謹就此理，以「微塵與世界」，申述其義。

「微塵」，用現在的電子、原子、分子來說明，都不足以形容它的微細。微塵者，就是極微細的個體，也就是物質分析到極小不可分的單位，故又稱爲「極微」。

微塵沒有長短方圓等形狀，也沒有青黃紅白等色彩，它不是我們用肉眼所能看得見的，但它卻是構成宇宙最基本最細微的元素；世界，都是由此「極微」所組合而成。

平常我們認爲微塵是小，世界是大；但是，大如宇宙，如果沒有極微的組合，如何有世界？所以說，大的不是大，小的不是小。

世界上，一個人所以偉大成功，是多少像「微塵」的因緣組合而成？一個政治人物，是背後多少人的擁護，他才能成爲偉大的領袖？一個軍人，所謂「一將功成萬骨枯」，是多少人的犧牲，才能成就他的功業？因此，「世界」要感謝「微塵」，正如老闆要感謝員工，領導要感謝部屬；但是，員工、部屬、子女，如果沒有老闆、長官、父母，你也無所依附。所以「小的不是小，大的不是大」，意思就是說，在平等的眞理裡，我們要相互尊重、相互包容、相互合作。

我們一個人的身體，就像一個世界，眼、耳、鼻、舌、身、意等分子要能分工合作；六根合作，才像一個人。身體又像一個聯合國，平常團結分工，但不可以分離。聯合國的組織，即使是一個蕞爾小國如盧森堡、巴布新幾內亞、基里巴斯共和國等，一旦加入聯合國，就可以和英、美、法等大國有同等的地位，也能擁有世界決策的一票。

所以，大小不是形式的，權利都是一樣。所謂「同體共生」、「同體共榮」、「同體共享」、「同體共有」；希望我國的社團、宗教界，甚至政黨，大家都能了解團結合作的重要。

《人間福報》二〇〇〇年十二月二十六日

排隊的習慣

現代的觀光事業發達，尤其我國的經濟成長迅速，自從政府開放觀光以來，每年出國旅遊觀光的人數，高達數百萬人。就算我們只是出去走馬看花，觀光旅遊回來，我們總能帶一些什麼好的東西回國嗎？

過去，大家時興帶電鍋、電風扇，後來帶電子計算機、錄音機，再後來帶香水、化妝品等。到了現在，台灣已經成爲電腦外銷的國家，實在不需要再帶一些什麼東西回國了。

但是，在各地觀光的旅途中，你有見到當地人士排隊上車、購票、吃飯（自助餐）、上廁所，甚至汽車停泊也都是排隊前進的嗎？

排隊，是一種良好的習慣。自古以來，中國也有所謂的「先來後到」、「循序漸進」之說，但是民眾的生活裡，至今還是一窩蜂，還是爭先恐後，一點都不像泱泱大國，不像有時代教養的國民，真是很大的遺憾！

到夏威夷觀看草裙舞，在一個露天的公園裡，一群觀光客蜂擁而至，數千人的廣場裡，只有一個老人在維持秩序。只要他的手一比，你就要到那邊去坐好，不可以隨意走動，這就是秩序。人多了，他會拿出一條繩子一圍，你就不可以越過這個界線，那根繩子就是法律。反觀一些落後的地區，不要說一根繩子，就算一堵圍牆，他也會翻牆而過，一根繩子哪裡就能約束得了他？

佛羅里達州的迪斯耐樂園，每看一個節目，都要排隊，有時一排就是一個小時、二個小時，卻不見有一個人投機取巧、爭先恐後。在倫敦，坐火車、搭飛機，他們那種從容的紳士風度，在在都是令人敬重啊！

在巴黎的羅浮宮，光是一個美術館，從這一個館，到那一個館，排隊的人群一長條、一長條的，井然有序；當中也有華人的觀光客，他們也很安分守己的跟著排隊，只是爲什麼他們就沒有想到，要把這種良好的習慣帶回自己的國家呢？

從排隊的習慣之養成，就可以看出一個國家的人民素養如何？我們希望今後國人出國旅遊，都能用心的學習別人的長處、優點，並且帶回國內，蔚爲風氣，如此才不會失去出國旅遊觀光的意義！

《人間福報》二〇〇〇年十二月二十七日

無常的真理

「人無千日好，花無百日紅」，這就是無常的寫照！「月有陰晴圓缺，人有旦夕禍福」，這也是無常的意義！

無常，就是遷流、變易的意思。世界上的人物你我、有情無情等，哪有不遷流變化的東西呢？

無常，不限於某一人、某一事，它有普遍性的意義；無常，不受權利大小的影響，它有平等性的意義。世間萬事萬物，都有無常的現象，所以說「無常」就是眞理。

世界上很多美好的東西，因爲有「無常」，所以它是缺陷的。青春美貌，它不能永遠常在；名位權力也不能永遠擁有。再如金錢財富，隨來隨去，甚至我人的身體，依科學家的研究，從細胞的組織來看，昨日之我已不是今日之我，今日之我當然也不會是明日之我。不斷的遷流，不斷的變易，所以都是無常的啊！

無常不是完全消極的，本來沒有的，因爲「無常」，也可以改變一切現象。我貧窮，因緣際會，我發財了；我愚笨，但勤勞苦讀，一變而成聰明了。本來無兒無女，忽然妻子弄璋弄瓦，兒女成群；本來空曠的土地，集合建材而成高樓大廈，所謂「空中生妙有」，這不都是無常的現象嗎？

無常不可怕，無常也躲避不了！遺憾的是，人一聽到「無常」，就如同「談虎色變」，難道懼怕無常，就能不受無常眞理的原則而遷流嗎？

從小看到花開花謝，你在無常裡沒有得到警覺嗎？從小看到人生人死，你在生死裡面還沒有所體悟嗎？所以，吾人要常體悟「無常」，在「無常」裡找尋自己的「未來」：未做完的事情要趕快做好，免得無常到來，未萌其志，未盡其願；如果想要做的事，趕快積極去完成，因爲不積極完成，無常一到，將是終生遺憾啊！

無常，眞是美妙啊！所謂「壞的不去，好的不來。」無常的損壞是痛苦的、是悽慘的；但無常的新生，也是喜悅的、建設的。我們可以把壞的變成好的；我們也可以把無常超越世間之外，那就是一個永恆的眞如法界了。

《人間福報》二〇〇〇年十二月二十八日

一棵搖錢樹

「一棵搖錢樹」，這是過去封建時代落伍的社會裡，父母想把女兒出賣到煙花場中賺錢，或是意圖以女兒去釣得金龜婿來發財的說法；所謂「一棵搖錢樹」，這是錯誤的。

現在家中不只是「一棵搖錢樹」，應該是有「多棵搖錢樹」。你培養兒子讀書，希望他將來出人頭地，名利雙收，這不就是家中擁有一棵搖錢樹嗎？你家中有退休的老人，但是「退而不休」，還到外面去賺外快，這不也是家裡的搖錢樹嗎？夫妻男女主人已經有了職業，還要兼職打工，這不也是家裡的搖錢樹嗎？

前副總統謝東閔先生提倡「客廳即工廠」，客廳不就是家中的搖錢樹嗎？

其實，家中的搖錢樹可多啦！別人家的一套沙發，用了兩年就壞了，我家中的沙發，因爲我的愛護，用了五年還是坐臥舒適；我的愛護之心，不就是搖錢樹嗎？一部汽車，人家用了二年、三年就淘汰更新，我家中的汽車由於我保養得好，用了十年，它的性能還是很好；我的細心保養，不就是我種的搖錢樹嗎？

所謂「穿不窮，吃不窮，算盤不到一世窮！」我的算盤不就是我的搖錢樹嗎？我節儉勤勞，不當用的我不用，應該省的我節省，「勤儉持家」不就是我的搖錢樹嗎？有的人家中僱請管家，而我的家務自己偏勞；有的人花園裡的草木要找人修剪，我則利用早晚作爲健身運動，這不就是觀念的搖錢樹嗎？

我的家中，人人養成隨手關燈的習慣，大家節約用水，這不就是在澆灌家中的搖錢樹嗎？我的家裡和諧、熱情、幽默、讚美，使全家的分子都樂於工作、樂於愛護家人，我全家人不都是搖錢樹嗎？甚至人人奉公守法，不浪費社會成本；人人響應政府垃圾分類、資源回收的政策，這不也是在爲國家、爲世界培植搖錢樹嗎？

不要把搖錢樹寄託在某一個人的身上，也不要寄託在某一件事上；只要觀念正確，勤勞奮發，全家遍地是黃金，全家人人都是搖錢樹啊！

《人間福報》二〇〇〇年十二月二十九日

溫度計的冷熱

在高級的辦公廳裡，空調的冷熱要靠溫度計來定標準；飛機上，長途旅行，空氣的適度也要靠溫度計來測試。現代的國民，早上出門，衣服要穿厚穿薄，也要從溫度計來看看今天的氣溫如何？溫度計已經和現代人類的生活緊緊的結合在一起，產生了密不可分的關係！

溫度計，主要是用來測量氣溫的冷暖。其實，人情也像溫度計一樣，從人的面孔上、語言裡、態度中，都可以發現，這個人今天的「氣候」如何，是晴天呢？是陰天呢？還是晴時多雲偶陣雨？

在一個家庭裡，爸爸媽媽從外面回來，兒女只要一看父母的臉色，就可以知道父母今天的氣候如何？如果父母高興了，帶給全家的是燦爛的陽光，是和煦的春風，是滿室的溫暖；如果父母今天顯得很嚴肅，小兒小女就要特別小心了，免得進入暴風圈，迎面而來的可能就是一場狂風暴雨，也可能是颶風冰雹。

一般的溫度計具有測試氣候的能力，人心的溫度計，也可以測得世間萬象。例如：現在政治上的氣候冷熱如何，人心的溫度計可以測知；現在經濟上的氣象溫差多少，人心的溫度計也可以了然；甚至社會人情的冷暖如何，也需要用人心的溫度計去觀察測量。

有人說，溫度計不標準，溫度的測量有誤差；人心的溫度計對於社會的政治、經濟、人情的測試，又何嘗沒有落差呢？所以，一般的溫度計有品質的好壞、等級的差別，人心的溫度計，同樣有高明與不高明之分。高明的溫度計，要有敏感性，要有透視力，要能見隱顯著，由微知漸。

溫度計也不是只用來測量別人的，更重要的是用來測量自己。我自己的氣溫不能時而零度，時而一百度，忽冷忽熱，冷熱無常，一天裡，氣象萬千，這樣的脾氣、個性，會讓人受不了，自然不會受人歡喜。

一般而言，室溫以二十四度最爲標準，所以冷氣機大多調到二十四度爲適中；如果使用電風扇，也不能開得太強或太弱，而以中性最適宜，如此才能令人感覺清涼舒適。所以，我人的氣溫也應該像冷氣機、電風扇一樣，調得適中，不能太熱或太冷。太熱了，別人受不了熱烘烘的；太冷了，別人也受不了冷冰冰的；能夠調到二十四度「中道」，讓全家人，包括你的親朋好友，大家都能感受到你所散發出來的空氣「清新怡人」，如此，你的做人做事，才能到處受人歡迎、受人喜愛喔！

《人間福報》二〇〇〇年十二月三十日

搓揉的麵糰

柏油，經過車輪的輾壓，才會結實平坦；水泥，經過沙石的凝結，才能堅固牢靠；鋼鐵，經過烈火的鍛鍊，才能堅韌無比；麵糰，經過不斷的搓揉，才能作成美味可口的麵包、麵條、水餃等。

做人，也要像柏油經過輾壓，像水泥經過凝結，像鋼鐵經過鍛鍊，像麵糰經過搓揉，才有價值。

燒餅的鬆脆好吃，必是搓揉功夫好；麵條吃在嘴裡有彈性，必是搓揉功夫到家。在軍營裡，所謂苦練，就是要像麵糰一樣，經過搓揉才能成為一個有膽有識的鐵血軍人；在學校裡，學生經過嚴師各種的要求，三天一小考，五天一大考，日後才能「青出於藍，更勝於藍」。

農夫不怕風寒炎熱，辛勤耕耘，才能豐收利民；工人不計個人辛苦，賣力工作，才能增產報國。

宋朝的蘇洵，年過二十七歲才發憤苦讀，終能與兒子蘇軾、蘇徹「三蘇齊名」，留下「眉山生三蘇，草木盡皆枯」的佳話。

善辨琴音的蔡文姬，生逢亂世，因爲被擄遠嫁匈奴，飽嘗思鄉之苦；後來雖經曹操以父執輩的情誼贖回，仍然受盡骨肉分離之痛。然而坎坷的一生，並沒有令她懷憂喪志，反而將她一生所讀的文章，默寫流傳，終能名垂青史。

印度聖雄甘地，他以「不合作主義」，經過多少的屈辱、忍耐，終能引起國際的重視，印度因而得以獨立；佛陀經過六年苦行，一麻一麥，馬麥充飢，經過一番的身心試煉、體證，而後才能開悟成佛。

有一天，大雄寶殿裡的大磬對銅鑄的佛像抗議：「爲什麼信徒每次到寺院裡來，總是帶了那麼多的鮮花素果來禮拜你，對我，不但不禮拜，還要敲打我呢？」佛像說：「大磬呀！你知道嗎？當初我是經過多少的『搓揉』打擊，才能成爲今天受人禮拜的佛像！而你大磬，因爲不堪一擊就哇哇大叫，所以你只能成爲受人敲打的大磬呀！」

孟子說：「天將降大任於斯人也，必先苦其心志，勞其筋骨，餓其體膚，空乏其身，行拂亂其所爲，所以動心忍性，增益其所不能也。」這就是說，經過搓揉，才能成功。

世間上，「不經一番寒徹骨，哪有梅花撲鼻香」呢？所以，你想成功嗎？那就先做麵糰；能夠禁得起搓揉，才能成功有望！

《人間福報》二〇〇〇年十二月三十一日

希望工程

現在海峽兩岸，皆把兒童的教育列爲「希望工程」，凡與此相關的事業，都是「希望工程」。例如到偏遠地區捐一間小學，即說我是在幫助「希望工程」；出版兒童教育的書籍，也說我現在從事「希望工程」。「希望工程」成了現代時髦的名詞，大家以爲「希望工程」是現代的一個新發現，殊不知自古以來凡是對人間社會有利益的事，都是「希望工程」。

國家要建設一條高速公路，方便未來的交通，這不是「希望工程」嗎？增加空中、水上的航線，這不是「希望工程」嗎？建一座公園，提升文化的品質；建一座圖書館，培養智慧理性的人間，這不都是「希望工程」嗎？

建設一個新社區，重視人文的布局，這不就是「希望工程」？培養森林，維護環保，這不也是「希望工程」？一個國家，大家都來發心，從事有益於社會大眾的福利，這都是每一個人的「希望工程」。

「希望工程」不一定只限於兒童教育而已。其實，國家有國家的工程，大眾有大眾的工程，我們每一個人的身體就是一個工程。每日三餐注意營養、分量，要把身體的健康工程維護好；每天運動、甩手、走路、呼吸，也是爲了維護好身體各部分的工程。甚至於早晚的反省、平時的修身、禪堂裡的打坐、佛殿裡的禮拜，都是希望吾人身心的工程能夠健康。自己身心的工程健康，不但有益於個人，更有益於家庭、社

會、大眾。其實每一個個體的「希望工程」，也都是整個國家社會的「希望工程」。

家裡的兒女，就是全家的「希望工程」；門外的花草樹木，也是全家老少的「希望工程」。人活在希望裡，不從事「希望工程」，哪裡有希望呢？

我們的心，平常接受了太多的是非好壞；能夠反觀自照，就是心理建設，也是一種「希望工程」。人生有此處、彼處，歲月有今年、明年；人如果能生活在希望裡，則生機無限，天天都充滿希望無窮。

《人間福報》二〇〇一年一月一日

聖人的財富

你想發財嗎？財富人人喜愛！但是，聖者又說：「黃金是毒蛇」，財富究竟是好呢？是壞呢？

當然！善財、淨財用的得當，財富越多越好；用得不當，財富也會造業。所謂「名枷和利鎖，相牽入火坑」，可不慎乎！

財富如水，「水能載舟，也能覆舟」；財富沒有「善惡」，但是，善的因緣能成就一切，不善的因緣又能分散一切，正如水火，相助相剋！

其實，財富可以有很多的種類，有狹義的財富，有廣義的財富；有有價的財富，有無價的財富。

所謂狹義的財富，就是金錢、房屋、土地、股票等；所謂廣義的財富，就是健康、智慧、人緣、信用、口才等等。

所謂有價的財富，諸如聲望、名譽、成就、歷史等，這些都是有價的財富；無價的財富，例如人格、道德、眞心、本性等等。

除了以上這許多廣義、狹義、有價、無價的財富類別以外，還有聖者的財富。

什麼是聖者的財富呢？有一次，佛陀與阿難尊者在路上行腳，看到一群烏鴉爲了一塊死老鼠的肉，彼此爭搶，打得頭破血流。阿難無限慨歎的說：「眞可憐！一塊死老鼠的肉，也值得這樣爭食嗎？」佛陀說：「世間上的人，對功名富貴的追逐，不也是像烏鴉爭食死老鼠嗎？」

在聖者的眼中看來，功名富貴如同死老鼠，但是，眾生也是爭得頭破血流。

所謂聖者的財富，他們安住於般若禪定的財富裡，他們擁有法喜禪悅的財富享受，他們懷著慚愧慈悲的財富願力，他們在「七聖財」裡享用無盡。

說到財富，有有形的財富，有無形的財富；有現世的財富，有來世的財富；有個人的財富，也有大眾的財富；有物質的財富，也有精神的財富；有一時的財富，也有永遠的財富。

其實，你固然可以擁有私有的財富，但更要懂得享受共有的財富，例如陽光、空氣、淨水等。如果你懂得的話，宇宙山河、公園道路，都是我們的財富，我們還會貧窮嗎？

《人間福報》二〇〇一年一月二日

人要有遠見

人的肉眼，看東西有個極限；但是用心去想、用心去看，那就是「遠見」。

在《楞嚴經》裡有「七處徵心」的一段公案，說明我們的「心」，看得到別人，看不到自己；看得到這邊，看不到那邊；看得到外面，看不到裡面；看得到大地山河，看不到自己的心；看得到「有」，看不到「空」。所以，人的「遠見」不容易建立，因為，我們一般人只能看到淺處，不能看到深處；只能看到前面，不能看到後面；只能看到近處，不能看到遠處。所以，人要有「慧眼」，才能有「遠見」。

所謂「人無遠慮，必有近憂。」人無「遠見」，必然只有「淺見」。淺見的人生，他只看到自己，沒有看到大眾；他只有看到家庭，看不到整個社會。像現在台灣政黨裡的一些分子，都是只有看到政黨，沒有看到人民；有些人只去看股票，沒有看道德；只有看權利，看不到責任；只有看結果，看不到其因。甚至整個社會大眾，都是只有看到今生，沒有看到來世；只有看到生，沒有看到死；看得到現在，沒有看到未來。人生的盲點有那麼多的「看不清楚」、「看不到」，你說怎麼能健全呢？

有的人看到人情；沒有看到義氣；有的人看到金錢，沒有看到信譽；有的人看到利益，沒有看到道理。主要的，我們做人行事，需要有「遠見」。所謂「遠見」，就是不但看到歷史，看到我們的祖先，你還必須看到未來和我們的子孫；你也不能只看到我們人類的同鄉、同學、同事、同門，你還應該看到十方法界的眾生。

也就是說，我們不要只看到一個家庭、一個社團，而要能看到全世界，因為「遠見」是沒有時間、沒有空間、沒有阻礙，才是遠見；遠見要有前瞻性，要有未來性，要有全面性。請問：你為你自己有遠見嗎？你為整個的家庭、社會、國家、人類，都有遠見嗎？

如果你想要有遠見，請你要看因緣，要看真理。你看到因緣，就是看到真理；你看到真理，才能看到因緣。所以，任何事都不是憑空想像，不是妄斷有無，你要透過你的知識、智慧、般若，你才能有遠見啊！

社會上，有的人很會投資理財，他就是有遠見；有的人善於掌握商機，他就是有遠見；能夠洞燭機先，懂得未雨綢繆，就是有遠見。螞蟻知道天將下雨，牠可以儲糧；蜜蜂釀蜜，為了過冬；松鼠聚糧，也是防備嚴寒。動物都有遠見，我們怎麼可以不建設我們的遠見呢？

《人間福報》二〇〇一年一月三日

孝順的研議

孝順是中國古老的傳統美德，然而隨著時代潮流的演變，到了今天，孝順的內容也變質了！有的人認爲父母養兒育女，這是理所當然的責任，不應該要求兒女報答；有的人認爲「孝」是應該的，「順」是不當的。因爲多少父母，以他淺陋的知識，要求兒女聽從自己的主張，結果兒女爲了孝「順」父母，放棄了自己的理想，荒廢了自己一生的前途，殊爲可歎！

中國的二十四孝，甚至動物裡的「羔羊跪乳」、「烏鴉反哺」，時常都被拿來當成教育子孫應該孝順父母的教材。然而，儘管有道之士言者諄諄，不斷說教；但是社會風氣的變化，你只要走一趟醫院，你就會發現，兒童的病房裡，每天有多少孝順的父母進進出出，老年人的病房裡，則少有孝子賢孫的探視。一個母親可以照顧七子八女，但是，十個兒女也照顧不了一雙老父老母啊！

所謂「有空巢的父母，沒有空巢的小鳥」，父母永遠都是扮演著「倚門望子歸」的角色；父母在兒女面前，永遠都是付出者，很少得到兒女的回饋。儘管儒家一再鼓勵青年要閱讀《孝經》；佛教也不斷提倡「父母恩重難報」，然而有多少人眞正呼應了這種道德的說教呢？

蓮池大師對於「孝」的意義，把它分爲上、中、下三等，倒是至理名言。他說，對父母甘旨侍奉，生養死葬，只是小孝；光宗耀祖，顯耀門庭，是爲中孝；引導父母脫離輪回，是爲大孝。

中國傳統的孝道觀念，基本上是可以和佛教的報恩思想相互輝映的。

在佛門中的孝親事跡不勝枚舉，例如佛陀爲父擔棺、爲母升天說法；目犍連救母於幽冥之苦；舍利弗入滅前，特地返回故鄉，向母辭別，以報親恩；民國的虛雲和尚，三年朝禮五台山，以報父母深恩。在《緇門崇行錄》裡，孝親的懿行，更是不勝枚舉，例如敬脫大師的荷母聽學、道丕大師的誠感父骨、師備禪師的悟道報父、道紀禪師的母必親供等。

不當的順從父母，固然不必；但是忤逆不孝，甚至當前社會，不斷有弒父弒母的逆倫事件傳出，則爲人神所共憤。畢竟，孝是人倫之始，是倫理道德實踐的根本；人而不孝，何以爲人？

所以，孝，它維繫了社會的倫理道德，促進了家庭的和諧健全，希望我們現代的父母與子女之間，彼此都能建立一些新倫理道德的觀念吧！

《人間福報》二○○一年一月四日

上中下的等級

人，有上等人，中等人，下等人；物品也有三等，上等物品，中等物品，下等物品。菜餚好吃不好吃，也分有上等菜、中等菜、下等菜；學校裡的老師批改學生的作文，也會批上等、中等、下等。甚至軍中的官階，也分上將三顆星、中將二顆星、少將一顆星。

世間上的等級，又如現在的旅館，有所謂的五星級、四星級、三星級，甚至有的不入流，連一星級都搆不上。

貧民有一級貧民、二級貧民、三級貧民；古蹟也有一級古蹟、二級古蹟、三級古蹟。世間上有這許多等級是自然的，例如家庭裡，成員的輩分有祖父級、父母級、兒女級，這是自然的順序，這是代表倫理。

但是，在這個自然的軌則之外，你有人格、有學問、有能力，你做了許多有益於國家社會的事，你就是上等人；你無愧職守，盡心盡力，安守本分，你就是中等人；你如果吃人的，用人的，自己的作爲又不檢點，常常偷雞摸狗，爲人不正派，人家就會說你是下等人。所以，我們自己要時刻警告自己，我究竟想要做第幾等人呢？

說話，也有上等的語言，不但措辭優美，而且有很多的敬語、讚美語；中等語言是中規中矩，本本分分；下等語言則不倫不類，粗鄙不堪。就如寫文章，也有上等的文章，論理精闢，敘事生動；中等的文章，平鋪直敘，樸實無華；下等的文章，言而無物，索然無味。我們不管爲文說話，自己要時常自問，我自己到底是屬於哪一等？

在佛教裡，講到懺悔、發心、立願，也有上、中、下三等；上等懺悔，毛孔出血，中等懺悔，發熱出汗，下等懺悔，熱淚直流。不管修行、做事，都要講究品質，你要做哪一等的事呢？

人生，即使不能成爲上等人，做上等事、說上等話；至少不能成爲下等人，不能做下等事、說下等話。能夠做個中等人，只要不辱及門風，不傷及人群，能夠安分守己的以平常心，做個平常人，至少如此，也才可告慰平生矣！

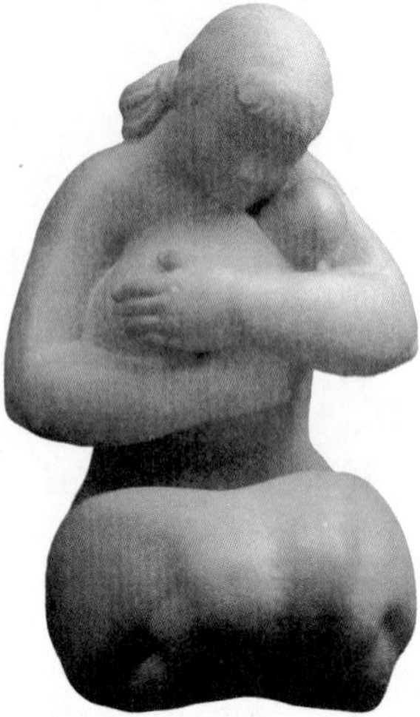

《人間福報》二〇〇一年一月五日

生命的百科全書

百語、日記系列

❋《往事百語》1-6冊　佛光文化出版　定價1200元，助印價600元

星雲大師整理他生命中受益的一百句話，讓讀者從字裡行間尋出做人處世之道，成爲人生路上的善因好緣。

❋《心甘情願・星雲百語1》5113
《皆大歡喜・星雲百語2》5114
《老二哲學・星雲百語3》5115
佛光文化出版　每冊定價100元

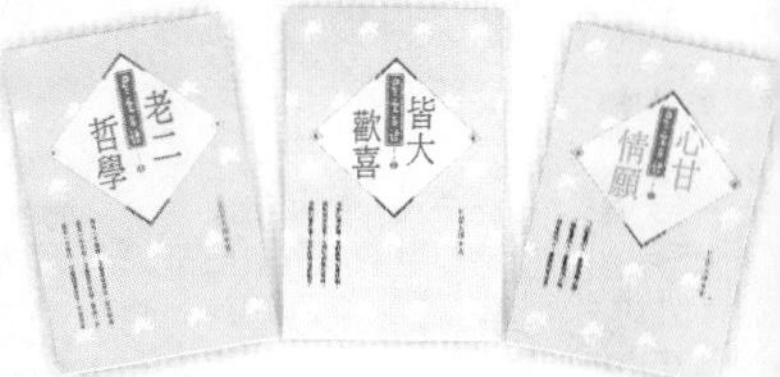

這是一部特別的日記，其時空縱橫古今，主題囊括科學、哲理、管理、文藝等，隨處都可讀到歡喜和智慧，牽引人們的心靈感悟，是啓發人生的百科全書。

❋《星雲日記》1-44冊　5201-5220、5221S 佛光文化出版　定價6600元
1-20冊，每冊定價150元　續集21-44，定價3600元

佛教東傳2000年
佛光山二大貢獻
星雲大師編著
佛光山宗務委員會印行
當代人間佛教思想之精華
一．佛光教科書
四大功能：
1. 佛學院教師上課的教本
2. 信徒講習會進修的教材
3. 佛門中師父課徒的讀本
4. 社會研究佛學的入門書
內容包含：
第 一 冊　佛法僧三寶
第 二 冊　佛教的真理
第 三 冊　菩薩行證
第 四 冊　佛教史
第 五 冊　宗派概論
第 六 冊　實用佛教
第 七 冊　佛教常識
第 八 冊　佛教與世學
第 九 冊　佛教問題探討
第 十 冊　宗教概說
第十一冊　佛光學
第十二冊　佛教作品選錄
佛光教科書
佛光教科書優惠價3000元
二．佛教叢書
全套共十冊
定價 5000元，助印價 3000元
第一、二、三版已流通20000套
第四版限量助印 10000套
專線電話：
07-6563429(書記室覺了法師)
02-29800260(文化院滿觀法師)
02-27483302(香海文化永均法師)
傳真電話：07-6563804
劃撥帳號：04632451 佛光山寺
佛光文化事業有限公司
香海文化事業有限公司
代為流通

國家圖書館出版品預行編目資料

無常的真理／星雲大師著.---初版---臺北市：
香海文化出版, 2004〔民 93〕
面：公分.－－（迷悟之間典藏版；3）
ISBN 978-957-2973-76-9（精裝）

1.佛教－語錄

225.4　　93013823

無常的真理 迷悟之間典藏版③

作者／星雲大師
發行人／吳素真（慈容）
主編／佛光山法堂書記室
香海文化編輯部
責任編輯／蔡孟樺
封面設計／妙松
美術編輯／鄭美玲
圖片提供／世界佛教美術圖典
出版者／香海文化事業有限公司
地址／台北市 110 信義區松隆路 327 號 9 樓
電話／ 02-27483302　傳真／ 02-27605594
劃撥帳號／ 19110467　香海文化事業有限公司
網址／ http://www.gandha.com.tw
e-mail:gandha@ms34.hinet.net

總經銷／時報文化出版企業股份有限公司
地址／台北縣中和市連城路 134 巷 16 號 5 樓
電話／ 02-23066842
法律顧問／舒建中、毛英富
登記證／局版北市業字第 1107 號
2004 年 09 月初版一刷　2005 年 07 月初版四刷
2009 年 01 月初版五刷　2013 年 05 月初版六刷
全套定價／ 3000 元整　單本定價／ 300 元整
ISBN ／ 978-957-2973-76-9